마키아벨리
1분 군주론

초판 1쇄 발행 | 2019년 8월 10일

지은이 | 마키아벨리
옮긴이 | 이동진
펴낸곳 | 해누리
펴낸이 | 김진용
편집 주간 | 조종순
마케팅 | 김진용
본문 디자인 | 신나미
표지 디자인 | 종달새

등록 | 1998년 9월 9일(제16-1732호)
등록변경 | 2013년 12월 9일(제2002-000398호)
주소 | 서울특별시 영등포구 당산로 20길 13-1
전화 | 02)335-0414 팩스 | 02)335-0416
E-mail | haenuri0414@naver.com

© 이동진 2019

ISBN 978-89-6226-106-6 (03340)

IL PRINCIPE

마키아벨리

1분
군주론

마키아벨리 지음 | **이동진** 옮김

((해누리

✿ 차례

마키아벨리는 인간의 본성과 국가의 본질을
예리하게 파악한 정치인이다.

오늘날 우리 사회는 지역 우선주의, 내부 갈등과 분열, 무능과 부패, 집단이기주의, 물신 숭배와 탐욕, 파렴치한 내로남불('내가 하면 로맨스, 남이 하면 불륜'이라는 뜻으로, 남이 할 때는 비난하던 행위를 자신이 할 때는 합리화하는 태도를 이르는 말) 등으로 얼룩진 참담한 실정이다. 지금 우리는 깨끗하고 유능하며 위대한 지도자가 출현하기를 누구나 갈망하고 있다. 그러한 지도자가 우리 사회를 정화시키고 국민들의 자유와 재산을 지켜주며 나라를 크게 발전시켜주기를 열망하지 않는 사람이 어디 있겠는가? 어느 인물이 이러한 열망에 응답하고 만족시켜줄 수 있겠는가?

500년 전, 마키아벨리도 우리와 비슷한 열망을 품고 살았다. 그가 살아간 시대가 문화적으로는 찬란한 꽃을 피운 르네상스시대였지만, 그의 조국 피렌체 공화국을 비롯한 이탈리아 전체는 분열과 부패의 사슬에 얽혀서 내전을 거듭하는가 하면 스페인, 프랑스, 독일 등 열강의 침입에 시달리는 비참한 상태였다. 그는 강력한 지도자가 출현해서 이탈리아 국민들의 자유와 재산을 보장하

고 번영을 이룩해주기를 열망했다. 그는 현실정치에 참여하고 불멸의 명저들도 남겼지만 웅대한 뜻을 이루지 못한 채 불운하게 최후를 맞이했다.

그러나 우리는 그의 저서를 통해서 무엇인가 우리 현실 개선에 도움이 되는 교훈들을 찾아낼 수가 있을 것이다. 왜냐하면 그는 현대인보다도 더 현대적인 시각과 감각을 가지고 인간의 본성과 국가의 본질을 예리하게 파악한 후, 나름대로 현실적 대안을 제시했던 위대한 인물이기 때문이다.

그래서 그의 명저《군주론》(1장~4장)과《로마사 평론》(5장~10장)에서 교훈이 될만한 대목들을 잘 뽑고 간추려서 제목을 정한 후, 한 권의 책으로 엮었으며, 〈문장 속, 핵심 문장 300〉만 읽어도 군주론의 핵심을 이해할 수 있도록 하였다. 아무쪼록 이 책이 뜻있는 독자들에게 조금이나마 참고가 되길 바란다.

이 동 진

마키아벨리 Niccolò Machiavelli

국가 권력론

Ruling Power of a State

자기기반이 확고한 지도자는
상대가 함부로 공격하지 못한다.

지도자는 국민의 성질을 잘 파악하라

산과 들의 경치를 그리는 화가의 경우, 높은 산을 잘 그리기 위해서는 낮은 들판에 자리를 잡아야 한다. 반면 넓은 들판을 내려다보기 위해서는 높은 산으로 올라가야만 한다. 이와 같이 지도자는 국민들의 성질을 완전히 파악하고, 국민들은 지도자의 성질을 잘 알고 있어야만 한다.

대를 이은 지도자는 자기 자리를 항상 유지한다

지도자가 대를 이어서 된 사람은, 만에 하나 강력한 세력에 밀려 지위를 잃는 경우가 아니라면, 별로 애쓰지 않아도 자기 자리를 항상 유지할 수 있다. 설령 그 자리를 뺏긴다 해도 자리를 뺏은 세력이 아주 작은 실수만 해도 그는 다시 자기 자리를 회복할 수가 있다.

새로 영입한 지도자가 더 나쁠 수 있다

사람은 누구나 좀 더 잘 살아보고 싶은 욕망이 있기 때문에 자기 마음에 들지 않는 지도자를 언제든지 갈아치우려고 한다. 그런 이유로 사람들은 무기를 들고 지도자에게 대항하지만 새로 영입한 지도자가 먼저 지도자보다 더 나쁜 경우도 많다.

반란지역의 취약한 지점을 보강하라

반란지역을 평정한 지도자는 그 지역을 쉽사리 다시 잃지 않는다. 왜냐하면 그가 반역자들을 처단하고 충성이 의심스러운 세력의 정체를 파악하여 방어가 취약한 지점들을 보강할 것이기 때문이다.

지역 주민의 전폭적인 지지를 얻어라

아무리 강력한 군대를 거느린 지도자라 해도, 어느 지역을 점령하고 싶은 경우에 그 지역 주민들의 전폭적인 지지를 얻지 못하면 점령에 실패하고 만다. 그가 주민들의 기대에 미치지 못하는 지도자이고, 주민들도 그에게서 별다른 이익을 얻을 수 없다고 생각한다면, 주민들은 새로운 지도자를 맞이하려고 굳이 애쓸 필요가 없는 것이다.

다른 지역을 점령할 경우 식민지를 건설하라

같은 언어를 사용하는 동족지역을 점령한 경우에는 과거에 그 지역을 다스리던 지도자 가문의 씨를 말리면 그곳을 손쉽게 통치할 수 있다.

그러나 언어, 법률, 관습이 다른 지역을 점령한 지도자는 그곳에 상주해야만 치안을 쉽게 유지할 수 있다. 이보다 더 좋은 방법은 그곳의 요충지 한두 군데에 식민지를 건설하는 것이다. 식민지 건설에는 비용이 적게 들고, 식민지 주민들은 현지 주민들보다 한층 더 충성을 바칠 것이다. 하지만 이와 다르게 수비대를 상주시킨다면 비용도 엄청나게 들고, 현지 주민들의 적개심을 불러일으키게 되므로 불필요하다.

007

지도자는 항상 외부 세력에 대비하라

지도자는 자기보다 약한 주변 세력들에 대해서는 그 대변인이자 보호자가 되고, 자기보다 강한 세력들에 대해서는 그 힘을 약화시키도록 노력해야만 한다. 또한 그는 자기와 어깨를 겨루는 외부 세력이 공격해 오지 못하도록 항상 대비해야 한다.

008

자진해서 합세한 자를 경계하라

강력한 지도자가 어느 지역을 점령하면 그 지역에서 평소에 기를 펴지 못하던 주민들은 그의 추종자가 된다. 이것은 그들이 자기들을 억압하던 지도층에 대한 시기심 때문에 자진해서 협조하는 것이다. 다만 지도자는 자기에게 합세한 그들이 지나치게 강력해지거나 많은 권한을 행사하지 못하도록 조심해야 한다.

지도자는 앞으로 일어날 분쟁에 미리 대처하라

지혜로운 지도자는 당장 눈앞에 닥친 분쟁뿐만 아니라 앞으로 일어날 분쟁도 잘 파악하고 철저하게 대처해야 한다. 문제를 미리 파악하면 쉽게 해결할 수 있지만, 문제가 발생할 때까지 시간을 낭비한다면 해결은 어려워진다.

질병이 불치의 단계에 이르면 어떤 좋은 약도 소용없는 것과 마찬가지이다. 결핵성 소모열의 경우 의사들은 초기에 발견하기는 어렵지만 일단 발견하면 치료가 쉬운 반면, 중세가 악화되면 발견하기는 쉽지만 치료는 매우 어렵다고 말한다.

작은 분쟁의 불씨가 커지게 하지 마라

로마인들은 아무리 작은 분쟁의 불씨라도 미리 예견하여 그 해결책을 마련했다. 그들은 전쟁을 피하기 위해 분쟁의 불씨가 커지는 것을 막았다. 왜냐하면 전쟁이란 피하고 싶다고 해서 필할 수 있는 것도 아니고, 대결을 연기할 경우 적에게 유리하다는 것을 잘 알고 있었기 때문이다.

그래서 그들은 대결을 회피하기보다는 차라리 자신들의 힘과 지혜에 의존했다. 이러한 사실은 시간이 흐른다고 해서 반드시 좋은 결과만 얻어지는 것이 아니라 나쁜 결과도 초래하기 때문이다.

OII

비난은 합당하지 않을 때 받는 질책이다

사람이라면 누구나 토지를 소유하고 싶어하는 욕망이 있다. 이것은 매우 자연스러운 본능이다. 그러므로 자기 힘으로 토지를 소유한 사람은 비난이 아니라 칭찬을 받아야 한다. 그러나 땅을 차지할 힘이 없는데도 어떤 수단을 써서라도 그 땅을 자기 손에 넣으려고 하는 사람은 크게 비난 받아도 마땅하다.

OI2

강자는 상대방의 음모와 세력을 경계한다

음모나 자기 세력을 이용해서 다른 사람을 강력하게 만들어 주는 사람은 스스로 파멸을 초래한다. 그것은 변함없는 철칙이다. 왜냐하면 강력하게 된 사람이 바로 그의 음모와 세력을 경계하기 때문이다.

독재자의 나라에서는 국민 모두가 노예이다

절대 권력을 휘두르는 독재자의 나라에서는 국민 모두가 독재자에게 예속된 노예이다. 따라서 그런 노예들이 독재자에게 대항하기는 매우 어렵다. 설령 일부 국민이 독재자에게 대항할 생각을 품는다 해도, 대다수의 국민들을 자기편으로 끌어들일 수가 없기 때문에 성공할 가망성은 희박하다.

자유를 누린 사람들은 반란의 명분을 만들 수 있다

자유를 누리며 사는 사람들의 지역을 점령한 지도자는 그 지역을 철저히 파괴해야 한다. 그렇지 않으면 그 지역 사람들의 손에 자기 자신이 파멸할 수도 있다. 오랫동안 누려온 자유는 아무리 오랜 세월이 흐르거나 새로운 지도자가 큰 혜택을 베푼다 해도 잊혀지지 않는다. 그러므로 사람들은 자유의 회복을 언제나 반란의 명분으로 삼을 수 있다.

그들이 누리던 자유가 크면 클수록 새로운 지도자에 대한 증오심과 복수의 열망도 더욱 강해지기 마련이다. 반면 노예처럼 복종만 하고 사는 사람들은 그들의 지도자가 제거되면 스스로 새로운 지도자를 선출할 능력이 없다. 자유를 누릴 줄도 모르기 때문에 좀처럼 점령 세력에 대해 무기를 들고 대항하지 않는다. 따라서 그 지역을 점령한 지도자는 그들을 쉽게 장악할 수 있다.

지혜로운 사람은 위대한 인물의 뒤를 따른다

사람들은 남들이 먼저 걸어간 길을 뒤따라 걸어가며 앞서간 사람들의 행동을 모방한다. 그러나 앞서간 사람들과 똑같은 방식으로 길을 걸어가거나 그 행동을 고스란히 모방할 수는 없다.

지혜로운 사람은 위대한 사람들이 걸어간 길을 뒤따르고 가장 뛰어난 사람들의 행동을 모방한다. 그렇게 하면 비록 위대한 인물은 못 된다 해도 위대한 인물의 흔적은 몸에 지닐 수 있기 때문이다. 이것은 아주 멀리 떨어진 목표물을 향해 활을 쏠 때 현명한 궁수가 목표물보다 더 먼 곳을 겨냥해서 화살을 날리는 것과 같다.

기회를 만나야 재능을 발휘할 수 있다

운이 좋아서가 아니라 자기 실력으로 지도자가 된 사람들 가운데 가장 위대한 인물은 모세, 페르시아 제국을 창시한 키루스 왕, 로마를 건국한 로물루스, 그리고 그리스의 영웅 테세우스 등이다.

그들이 기회를 만나지 못했더라면 그들의 재능은 아무 쓸모도 없었다. 또한 그들에게 재능이 없었더라면 주어진 기회도 아무 소용이 없었다. 그들은 기회를 최대한으로 이용해서 재능을 발휘한 결과 위대한 지도자가 되었다.

새로운 질서 확립에 착수하기란 매우 어렵다

개혁가가 새로운 질서 확립을 착수하기란 매우 어렵다. 그것은 성공할 확률이 적을 뿐만 아니라 가장 위험한 일이다. 왜냐하면 옛 질서의 기득권층이 모두 개혁가의 적이 되는 반면, 새로운 질서에서 이득 볼 사람들은 그를 소극적으로 지지하기 때문이다.

새로운 질서에서 이득 볼 사람들이 소극적으로 지지하는 이유는, 그들이 과거의 기득권층을 두려워하기 때문이기도 하지만, 원래 사람이란 새로운 질서에서 실제로 이득 본 체험이 없는 한, 새로운 질서를 신뢰하지 않기 때문이다.

따라서 개혁가는 자기 자신의 힘에 의존하고 무력을 사용할 수 있을 때에만 성공할 수 있다. 언제나 무력을 갖춘 예언자는 성공했지만, 말만 앞세운 예언자는 모두 실패했다. 사람들은 예언자의 말을 일시적으로는 믿지만 시간이 지나면 불신하기 마련이다. 이럴 경우 무력을 갖춘 개혁가는 사람들이 불신하는 경우에 무력으로 믿게 만들 수 있다.

뇌물로 지도자가 된 사람의 지위는 항상 위태롭다

뇌물로 군대를 매수해서 최고 지도자가 된 사람은, 자기를 그 자리에 앉게 해준 무리에게 계속해서 이익을 보장해 줘야 한다. 또한 그들의 호감을 얻지 못하면 지위를 유지할 수 없다. 그러므로 그의 지위는 언제나 위태롭다. 왜냐하면 그는 자기에게 변함없이 충성을 바치는 군대가 없기 때문이다. 탁월한 재능도, 바탕도 없이 벼락출세한 사람은 그 지위를 오래 유지하지 못한다.

잔인하고 능력 있는 부하가 점령지역을 다스리게 하라

유능한 지도자는 잔인하고 능력이 뛰어난 부하에게 점령지역을 다스리게 한다. 가혹한 지배와 처벌로 주민들이 불만을 품을 경우, 지도자는 자기가 명령을 내려서 그렇게 된 것이 아니라 모든 탓을 부하에게 돌릴 수 있기 때문이다. 그 결과 지도자는 주민들의 지지를 확보할 수 있다.

공포심과 증오심이 남을 해친다

사람은 공포심과 증오심 때문에 남을 해친다. 높은 지위에 있는 사람들은 지도자가 아무리 새로운 혜택을 베풀어줘도, 과거에 지도자에게서 받은 타격을 결코 잊지 않는다.

야만적이고 비열한 지도자는
후세에 명성을 얻을 수 없다

공화국에서는 비열하거나 사악한 수단으로 시민들의 지지를 얻어 지도자가 되는 경우도 있다. 동료 시민들을 살해하거나 친구를 배반하거나 의리도 자비심도 경건한 종교도 없는 사람을 훌륭한 인물이라고 부를 수는 없다.

비열하고 사악한 방법으로 권력을 손에 넣을 수는 있지만 영광은 결코 얻지 못한다. 지도자들 중에서 야만적이고 잔인한 짓을 많이 저지른 이들은 후세에 명성을 얻을 수 없다.

잔인한 수단으로 지위를 오랫동안 유지할 수 없다

배신과 잔인한 짓을 거듭하는데도 불구하고, 지도자가 오랫동안 권력을 유지하는 경우가 있다. 그것은 잔인한 수단을 지도자가 효과적으로 이용했기 때문이다. 다시 말하면 처음에는 권력을 안전하게 확보하기 위해서 악한 수단을 사용한다. 하지만 자기에게 대항할 세력이 모두 사라진 뒤에는 그 수단을 버리고 국민들에게 유익한 조치를 취한다.

처음에는 잔인한 짓을 적게 하다가 날이 갈수록 더욱 많이 하는 것처럼 어리석은 짓은 없다. 그런 지도자는 자기 지위를 오랫동안 유지할 수 없다.

새로운 혜택을 베풀 때에는
조금씩 차적으로 베풀어라

지도자는 어떤 지역을 점령했을 때, 날마다 잔인한 조치를 취하지 말고, 한꺼번에 모두 동원해서 잔인한 수단으로 질서를 확보해야 한다. 그런 후, 주민들에게 새로운 혜택을 베풀어주어야만 그들을 안심시킬 뿐만 아니라 지지를 얻을 수 있다.

한꺼번에 잔인한 수단을 동원한 후에 그치면, 주민들의 반감이 점점 약해진다. 그러나 혜택을 베풀 때는 조금씩 점차적으로 베풀어야 한다. 그래야만 주민들이 그 혜택을 누리는 기쁨이 한층 더 커지기 때문이다.

특권층의 지지는 서민층의 지지보다 약하다

어느 지역이나 특권층과 서민층이 있다. 그들은 서로 대립한다. 서민층은 특권층의 압제를 피하고 싶고, 특권층은 그들을 강압적으로 다스리고 싶어 하기 때문이다.

특권층의 지지로 지도자가 되면, 서민층의 지지로 지도자가 된 경우보다 지위를 유지하기가 더 어렵다. 특권층 사람들은 지도자와 대등한 자격이 있다고 생각하기 때문에 그의 명령에 고분고분 복종하지 않는다. 그러나 서민층 사람들은 지도자의 명령에 순조롭게 복종한다.

서민층이 지도자를 미워하게 될 경우에는 지도자가 위기에 처했을 때 등을 돌린다. 그러므로 지도자는 지위를 결코 보존할 수 없다. 또한 지도자는 특권층이 등을 돌릴 것을 두려워 할 것이 아니라 그들이 음모 꾸미는 것을 두려워해야 한다.

지도자는 박식한 특권층의 사람들을 잘 활용하라

지도자는 특권층의 운명이 자신의 흥망성쇠에 따라
달라진다는 것을 깨닫게 하며 다스려야 한다. 아울러 지
도자에게 전적으로 의존하고 별다른 야심이 없는 특권
층 사람들을 존중해야 한다.

또한 본성이 소심하고 용기가 부족한 사람 중에 박식
한 사람들을 잘 활용해야 한다. 그럴 경우 지도자가 잘
나갈 때 그들의 지지를 확보할 수 있을 뿐만 아니라 위
기에 처했을 때에도 그들을 두려워할 필요가 없다. 그러
나 지도자에게 의존하지도 않고, 야심을 품고 있는 특권
층에 대해서는 그들을 잠재적인 적으로 봐야 한다.

서민층의 지지기반을 확고하게 하라

　서민층의 지지로 지도자가 된 사람은 그들의 지지를
항상 유지해야 한다. 그 일은 매우 쉬운 일이다. 지도자
는 특권층의 횡포로부터 그들을 보호해 주기만 하면 된
다. 서민층은 압력을 피하기만 하면 다른 것은 요구하지
않기 때문이다. 사람이란 자기를 해칠 것으로 보이던 사
람이 혜택을 베풀면 그에게 한층 더 고마움을 느끼게 마
련이다.

　서민층의 지지를 얻는 방법은 주어진 여건에 따라 매
우 다양하고 거기에는 일정한 법칙이 없다. 서민층에 권
력의 기반을 두는 것은 모래 위에 집을 짓는 것과 같다
는 속담은 틀린 말이다.

지도자는 자기에게 충성을 바칠 사람을 확보하라

사람들은 모든 것이 순조롭고 평화로울 때는 지도자에게 무엇이든지 협조하겠다고 약속한다. 또한 누구나 죽음의 위협을 별로 느끼지 않을 때는 지도자를 위해 죽을 각오가 되어 있다고 말한다. 그러나 막상 위기가 닥치면 아무도 그를 도와주지 않는다.

위기란 단 한번만 닥치는데다가, 거기서 승패를 결정하기 때문에 더욱 위험하다. 따라서 지혜로운 지도자는 어떠한 경우에도 자기에게 의존하고 충성을 바칠 사람을 확보한다.

본거지를 튼튼하게 지키고 민심을 잃지 마라

지원세력의 도움 없이 혼자 힘으로 적과 맞설 수 없는 경우, 지도자는 자신의 본거지에 피신하여 방어에 전념해야 한다. 본거지를 튼튼하게 지키고 민심을 잃지 않은 지도자에 대해서는 적이 그를 만만하게 보거나 함부로 공격하지 못한다.

용감한 지도자는 어떠한 난관도 잘 극복한다

용감한 지도자는 오랫동안 적으로부터 포위당하고 많은 피해를 보았다 하더라도 어떠한 난관도 잘 극복한다. 그는 부하들에게 어려운 사태가 오래 가지 못할 것이라는 확신을 심어주거나 적의 잔인성에 대한 두려움을 부추긴다.

적으로부터 피해를 본 주민들은 시간이 지나면 피해에 대해 체념하는 한편, 지도자가 자기들의 공적을 인정하여 언젠가 보상할 것이라고 믿는다. 그러므로 지도자에게 한층 더 충성을 바칠 것이다. 사람들은 지도자로부터 혜택을 받는 경우는 물론이고, 지도자를 위해 자기 재산을 희생하는 경우에도 똑같이 충성심을 발휘한다.

나라의 가장 중요한 기초는
훌륭한 법률과 강력한 군대다

지도자는 나라의 기초를 튼튼하게 다져야 한다. 그렇
게 하지 않는 지도자는 반드시 파멸하고 만다. 어느 나라
나 가장 중요한 기초는 훌륭한 법률과 강력한 군대이다.

강력한 군대가 없다면 훌륭한 법률도 실시되지 못하
고, 강력한 군대가 갖추어지면 반드시 훌륭한 법률이 실
시되어야 한다.

2장
정치 지도자론
Political Leader

자신이 다스리는 곳에서 심각한 사태를 빨리 깨달을 만큼

지혜로운 지도자는 매우 드물다

용병을 믿으면 나라가 망한다

돈을 주고 사온 용병은 아무 소용도 없을 뿐만 아니라 위험하다. 용병에 의존하는 지도자는 나라를 안전하게 지킬 수 없다. 왜냐하면 용병이란 단결심은 없고 야심만 강하며, 기강이 서 있지 못하고, 충성심도 없기 때문이다. 또한 그들은 자기들끼리 있을 때는 용감한 척 하지만 적과 맞서면 비겁해지는가 하면, 하늘을 두려워하지도 않고 다른 사람에 대해서 신의도 지키지 않는다.

그들은 오로지 하찮은 보수만 바라고 전쟁터에 나가기 때문에 자기를 고용한 지도자를 위해 목숨을 바치려고 하지 않는다. 전쟁이 없을 때는 자기에게 보수를 주는 지도자를 따르지만, 전쟁이 나면 달아나거나 진영을 이탈해 버리고 만다.

지도자는 용병의 지휘관이
유능할 경우 신임하지 마라

이탈리아가 파멸하여 외국 군대의 지배를 받은 이유는 오직 한가지뿐이다. 방어를 오랫동안 용병의 힘에만 의존했기 때문이다. 이것은 전적으로 지도자들의 잘못이다.

용병의 지휘관이 유능한 인물인 경우, 지도자는 그를 신임할 수 없다. 그는 자기를 고용한 지도자를 조종하거나, 아니면 지도자의 뜻을 거슬러서 다른 사람들을 조종하여 자신이 앞장 설 기회를 항상 노리고 있기 때문이다. 반면 용병의 지휘관이 무능한 경우, 그는 자기를 고용한 지도자를 파멸시키고 만다.

지휘관은 기병으로 부대를 편성하라

용병의 지휘관들은 자신의 명성을 높이기 위해 보병을 전적으로 무시하고, 주로 기병으로 부대를 편성한다. 규모가 비교적 작은 정예부대를 유지해야 보수도 많이 받고, 명성도 크게 떨칠 수가 있기 때문이다.

그러나 용병끼리 전투를 해도 그들은 서로 죽이지 않을 뿐만 아니라 포로로 잡아도 몸값을 요구하지 않는다. 그들은 밤에는 요새를 공격하지 않고, 겨울에는 전투를 하지 않는다. 그런 용병들이 이탈리아를 노예 상태와 굴욕의 구렁텅이로 떨어뜨렸던 것이다.

지원세력으로 얻은 용병은
지도자에게 언제나 위험한 존재다

  강력한 이웃 세력에게 요청해서 그 지원세력을 받아
들이는 지도자는 용병을 고용하는 경우와 마찬가지로
아무런 이익도 얻지 못한다. 또한 그들은 지도자에게 언
제나 위험한 존재이다. 왜냐하면 그들이 패배하면 지도
자도 따라서 멸망하고, 그들이 승리하면 지도자는 그들
의 포로나 마찬가지인 신세로 전락하기 때문이다.

지혜로운 지도자는
언제나 자신의 세력으로 방어한다

용병은 비겁해지거나 전투를 회피할 때 가장 큰 위험
을 초래한다. 외부의 지원세력은 용기를 발휘할 때 가장
위험한 것이다.

따라서 지혜로운 지도자는 외부세력에 의존하지 않고
언제나 자신의 세력으로 방어한다. 그는 외부세력의 지
원으로 승리하기보다는 자기세력으로 싸우다가 지는 쪽
을 더 원한다. 외부세력의 지원으로 거둔 승리를 참다운
승리라고 생각하지 않기 때문이다.

새로운 제도를 무조건 채택하지 마라

분별력이 없는 지도자는 새로운 제도라면 무조건 다 좋은 줄 알고 채택한다. 새로운 제도가 처음에는 꿀맛이지만, 그 속에 독이 들어 있다는 사실은 깨닫지 못한다. 자신이 다스리는 지역에서 심각한 문제가 발생했을 때, 이를 즉시 알아차리지 못하는 지도자는 어리석기 짝이 없다. 물론 심각한 사태를 즉시 알아차릴 만큼 지혜로운 지도자란 매우 드물다.

로마제국이 멸망하기 시작한 원인은 게르만족의 일파인 고트족을 용병으로 고용한 데에 있다. 그때부터 로마의 힘이 쇠약해졌기 때문이다.

037

남의 힘을 빌려서 강력한 지도자가 되지 마라

남의 힘을 빌려서 강력한 지도자라는 명성을 얻는다면, 그 명성은 가장 불안정하고 취약한 것이라는 격언이 있다. 지혜로운 사람들은 언제나 이 격언을 믿고 또 지지한다.

자기를 충실히 따르는 세력을 확보하지 못한 지도자는 지위가 항상 불안하다. 그는 위기에 처해서 자신을 방어할 수 있는 확실한 수단을 마련하지 못했기 때문에, 자신의 운명을 전적으로 우연에 맡길 수밖에 없다.

038

지도자는 오로지 군사조직과 기강 확립에 전념하라

나라를 맡은 지도자는 오로지 전쟁준비, 군사조직의 정비와 기강 확립에만 전념하고, 다른 것은 거들떠보지 말아야 한다. 지도자가 군사력 강화에 힘쓰기보다는 사치와 안일을 더 좋아할 경우에는 나라마저 통째로 잃게 된다.

군사력을 모르는 지도자는 병사들에게 경멸당한다

무장을 든든하게 갖춘 사람이 아무런 무기도 없는 사람에게 자진해서 복종할 리가 없다. 또한 아무런 무기도 갖추지 못한 주인이 잘 무장된 하인들에게 둘러싸여 있을 때 안전할 리도 없다.

무기를 든 쪽은 무기가 없는 쪽을 경멸하고, 무기가 없는 쪽은 상대방을 의심한다. 따라서 양쪽이 서로 잘 어울러서 일을 효과적으로 추진할 수가 없다. 군사문제에 관해서 관심도 없고 무식한 지도자는 병사들의 신임을 받지도 못하고, 오히려 그들로부터 경멸당한다.

지도자는 평상시에 체력 단련으로 전쟁에 대비하라

나라를 맡은 지도자는 전쟁 때보다는 오히려 평상시에 전쟁에 대한 대비를 한층 더 열심히 해야 한다. 그는 사냥이나 무술 등을 통해서 체력을 단련하고, 여러 곳의 지형을 살펴서 그 방어수단을 미리 궁리해 두어야 한다.

또한 과거의 역사를 잘 공부하고 위대한 인물들이 어떻게 승리를 거두었는지, 또는 어떻게 해서 패배했는지 깨달아야 한다. 역사상의 위인들도 자기보다 먼저 걸어간 과거의 위인을 본받았다. 따라서 지혜로운 지도자라면 과거의 위대한 인물들의 행적을 본받아야 한다.

지도자는 평화로울 때 더욱더 사태에 대비하라

모든 것이 순조롭고 평화롭다고 해서 지도자가 마음을 턱 놓은 채 시간을 헛되게 보내서는 안 된다. 오히려 만일의 사태에 대한 대비를 한층 더 충실히 해야 한다. 그러면 역경이 닥친다 해도 그 타격을 견디어낼 뿐만 아니라 역경마저 극복할 수 있다.

오로지 선(善)만을 추구하는 지도자는
비참한 꼴을 당한다

우리가 현실에서 살아가고 있는 방식은 이상적인 생활방식과 너무나도 거리가 멀다. 이상적인 사회를 추구하기 위해 현실을 소홀히 하는 사람은 자기 목숨을 보존하기는커녕 파멸을 자초한다. 모든 일에 있어서 오로지 선한 것만 추구하려는 사람은 수많은 악인들 틈에서 비참한 꼴을 당하고 말 것이다.

따라서 자기 지위를 보존하려는 지도자는 선하지 않은 수단도 배워야 하고, 경우에 따라서 그 수단을 사용하거나 사용하지 않을 줄도 알아야 한다.

지도자는 나라를 잃어버릴 지경의 조치는 피한다

나라를 맡은 지도자가 사람들이 갖고 있는 장점을 모두 갖추었다면, 그보다 더 바람직한 일은 없다. 그러나 인간의 본성에 비추어 그것은 누구에게나 불가능한 일이다. 그러므로 현명한 지도자라면 나라를 잃어버릴 지경으로 이끄는 잔인한 조치는 반드시 피해야 한다.

나라를 망칠 정도는 아닌 그런 잔인한 조치들도 가능하면 피해야 하지만, 도저히 피할 수 없는 경우라면 지나치게 신경 쓰지 않아도 된다. 그러나 나라를 구하고 자기 지위를 보존하기 위해서 잔인한 조치를 반드시 취해야 한다면, 그는 단호하게 행동해야 한다. 왜냐하면 미덕으로 보이는 행동을 취한 결과 스스로 파멸하는가 하면, 악덕으로 보이는 행동을 취한 결과 자신의 안전과 복지가 한층 더 확고해지는 경우도 있기 때문이다.

좋은 평판을 얻기 위해
세금을 가혹하게 부과하지 마라

지도자가 아랫사람에게 후하게 베푼다는 평판을 얻는 것은 좋은 일이다. 그러나 후하게 베푸는 기질을 사람들이 흔히 알고 있는 식으로 발휘하다가는 스스로 피해를 본다. 사람들로부터 후하다는 평판을 얻으려는 지도자는 엄청난 액수의 돈을 써야 하고, 결국은 재력이 바닥나고 말 것이다. 그렇게 되면 그는 후하다는 명성을 유지하기 위해 국민들에게 가혹한 세금을 부과해야 하고, 그 결과 미움을 사게 된다. 그는 극소수에게 혜택을 베푼 반면, 대다수의 국민을 해치는 것이다.

인색한 지도자가 위대한 업적을 남긴다

현명한 지도자라면 사람들이 자기를 인색하다고 수군대는 소리에 전혀 개의치 않는다. 경비를 절약해서 재정 상태를 건전하게 유지한 결과, 지도자가 국민들에게 무거운 세금 부담을 주지 않은 채, 자국의 재력으로 적의 공격을 물리칠 수 있게 되면, 사람들은 오히려 그를 후하다고 평가할 것이다.

그는 무수한 국민들의 재산을 축내지 않았기 때문에 그들에게는 후한 반면, 극소수의 사람들에게는 혜택을 베풀지 않았기 때문에 그들에게만 인색한 것이다.

우리 시대에는 인색하게 행동한 지도자들이 위대한 업적을 남겼고, 그렇지 못한 지도자들은 모두 파멸했다.

불명예스럽지만 미움 받지 않는 구두쇠가 되라

다른 나라를 정복, 약탈하거나 포로의 몸값을 받아서 군대를 유지하는 지도자는, 부하들에게 후하게 베푸는 것이 반드시 필요하다. 자기 재산을 축내거나 자기 국민에게 무거운 세금을 부과하지 않는다면 그는 얼마든지 후하게 베풀어도 좋다.

왜냐하면 남의 재산을 가지고 인심을 쓰면 그의 명성이 높아지는 반면, 자기 재산을 낭비하면 스스로 파멸을 초래하기 때문이다. 무턱대고 후하게 베풀다가 불명예와 증오를 초래하는 것보다는 불명예스럽기는 하지만, 증오를 초래하지 않는 구두쇠가 되는 것이 지도자에게는 더 현명한 일이다.

지도자의 자비로운 조치는 가혹한 조치보다 못하다

지도자는 누구나 잔인하다는 평판보다 자비롭다는 평판을 받도록 노력해야 한다. 그러나 무분별하게 자비를 베풀어서는 안 된다. 국민들의 단결과 충성을 확보하기 위해서는 잔인하다는 평판을 받는다 해도 단호한 조치를 주저해서는 안 된다. 지나치게 자비로운 조치를 취한 결과, 무질서와 유혈 사태를 초래하는 것보다는 가혹한 조치로 질서를 세우는 것이 결국 더 자비로운 것이다.

무질서와 혼란은 나라 전체를 파멸시키지만, 가혹한 처형은 처형된 몇몇 사람들에게만 피해가 미치는 데 불과하기 때문이다. 새로 권력을 잡은 지도자는 잔인하다는 평판을 피할 수가 없다. 왜냐하면 그런 나라는 항상 위험으로 가득 차 있기 때문이다.

지도자는 사람을 지나치게 믿거나 불신하지 마라

　지도자는 사람을 잘 가려서 믿어야 하고, 행동은 신중
하게 해야 한다. 남을 지나치게 믿어서 주의를 게을리
해서도 안 되지만, 남을 지나치게 불신해서 독단적으로
행동해서도 안 된다.

사람들은 두려운 지도자보다
존경하는 지도자를 더 쉽게 배신한다

지도자는 아랫사람들이 자기를 두려워하면서도 동시에 존경하도록 만드는 것이 가장 이상적이다. 그러나 그렇게 만드는 것은 매우 어려운 일이다. 어느 한쪽을 불가피하게 선택하는 경우라면, 존경을 받는 것보다는 두려움의 대상이 되는 편이 더 안전하다. 사람들은 두려운 지도자보다는 존경하는 지도자를 더 쉽게 배신하기 때문이다.

다시 말하면, 존경이란 이기적인 사람들이 혜택에 보답하기 위해 바치는 것이다. 그러므로 혜택이 더 이상 오지 않는다면 언제든지 그들은 등을 돌린다. 그러나 사람들은 배신에 대한 처벌은 항상 두려워하기 때문에, 그들은 자기들이 무서워하는 지도자를 쉽게 배신할 수가 없다.

지도자는 국민들의 약속을 믿지 마라

사람들은 일반적으로 은혜를 쉽게 잊어버리고 말만 번지르르하며, 겉과 속이 다를 뿐만 아니라 무슨 수를 써서라도 위험을 피하려 하고, 이익은 악착같이 챙긴다.

지도자가 혜택을 베푸는 한, 그들은 지도자를 위해 목숨까지도 바치겠다고 나선다. 그러나 이것은 위기가 닥치지 않았을 때에만 통하는 이야기다. 막상 위기가 닥치면 그들은 지도자에게 반기를 든다. 그래서 그들이 약속하는 말만 믿고 아무런 준비를 하지 않은 지도자는 파멸한다.

왜냐하면 그런 사람들과 지도자 사이의 관계는 높은 이상과 고결한 정신으로 맺어진 우정이 아니라 혜택과 돈으로 매수된 우정이기 때문에 확고한 것이 못 된다. 따라서 위기가 닥치면 지도자에게 아무런 소용이 없다.

지도자는 국민들에게 증오의 대상이 되지 마라

지도자는 사람들이 자기를 두려워하도록 만들어야 하며, 존경받지 못한다 해도 최소한 증오의 대상이 되어서는 안 된다. 국민들의 재산이나 부녀자를 강탈하지 않는 한, 지도자는 증오의 대상이 되는 것을 피하면서도, 그들이 자기를 두려워하도록 만들 수 있다. 사람들은 지도자가 자기 아버지를 처형한 경우보다 자기 재산이나 부녀자를 강탈해 간 경우, 그에 대한 증오를 더 오래 간직하기 마련이다.

현명한 지도자는 자기가 두려움을 조성한다.

존경이란 사람들이 자기 뜻대로 바치거나 바치지 않는 것이다. 그러나 두려움이란 지도자가 사람들의 마음속에 심어주는 것이다. 따라서 현명한 지도자라면 다른 사람들의 호의에 따라 결정되는 존경이 아니라 자기가 조성할 수 있는 두려움에 의존해야 한다. 다만 그는 사람들의 마음속에 자기에 대한 증오를 일으켜서는 안 된다.

053

지도자들은 교활한 술책으로 위대한 업적을 이룬다

지도자가 교활한 술책을 전혀 쓰지 않은 채, 언제나 신의를 지키고 고결하게 산다면 얼마나 훌륭한 일인가! 그것을 모르는 사람이 어디 있는가? 그러나 우리가 사는 이 시대의 현실을 보면 위대한 업적을 이룩한 지도자들이란, 신 따위는 전혀 돌보지 않고 교활한 술책으로 사람들을 속이며, 결국은 신의를 존중하는 사람들을 타도한 사람들이다.

054

지도자는 법과 힘을 적절하게 사용하라

사람은 법률로 싸우고, 야수는 힘으로 싸운다. 그런데 법률만 가지고는 승리하기 어려울 때는 힘을 동원해야 한다. 지도자는 이 두 가지 수단을 잘 사용하는 방법을 반드시 배워야 한다. 한 가지 수단만 가지고는 그의 지위를 오래 보존할 수 없다.

민중은 지도자의 외관과
행동의 결과만으로 판단한다

지도자의 행위에 있어서 그 목적이 좋으면 천박한 민중은 그 수단도 좋은 것으로 여긴다. 천박한 민중은 지도자의 외관과 그가 취한 행동의 결과만 가지고 항상 판단하기 때문이다. 그리고 세상 사람들은 대부분이 천박하게 마련이고, 그들이 지도자를 떠받들 때는 천박하지 않은 소수의 사람들은 고립되게 마련이다.

자기에게 해가 되는 신의는 지키지 마라

신의를 지킬 필요가 없어졌거나 신의를 지키면 자기에게 해가 미칠 경우, 지도자는 신의를 지켜서는 안 된다. 사람들이 모두 선량하다면 이러한 원칙은 올바르지 못하다. 그러나 사람들이 모두 악하고 지도자에게 신의를 지키지 않으려고 한다면, 지도자도 더 이상 신의를 지킬 의무가 없다.

교활한 기질의 지도자는 약속을 지키지 않는다

신의를 무시하는 지도자들은 약속을 지키지 않기 위해 얼마든지 구실을 만들어 낼 수 있다. 그들은 평화조약을 식은 죽 먹기로 깨고, 각종 약속도 헌 신짝처럼 저버렸다. 여우를 빼닮은 지도자들이 가장 큰 성공을 거둔다. 그러나 이 교활한 기질을 감추고 절대로 그렇지 않은 것처럼 위장할 줄 알아야 한다.

사람이란 너무나도 단순해서 눈앞의 이익 때문에 그 이익을 주는 사람에게 복종하는 법이다. 따라서 남을 속일 작정을 하고 있는 사람은 자기에게 속아 넘어갈 사람들을 얼마든지 발견한다.

지도자는 덕성을 갖춘 것처럼 위장하라

지도자는 사람들이 덕성이라고 부르는 것을 모두 갖출 필요는 없지만, 그런 것들을 갖춘 듯이 반드시 위장해야 한다. 모든 덕성을 갖추고 또 실천하는 것은 위험하지만, 그런 덕성들을 갖춘 것처럼 위장하는 것은 오히려 매우 유익하다.

따라서 지도자는 자비롭고, 신의를 지키고, 인간적이고, 성실하고, 경건한 신앙심을 지닌 것처럼 처신하는 것이 좋다. 물론 실제로 그런 덕성을 구비해도 좋지만, 필요에 따라서는 그런 덕행에 반대되는 행동도 할 수 있는 각오가 되어 있어야 한다.

가능하면 선한 행동을 하는 것이 좋다. 그러나 상황과 여건에 따라 불가피한 경우에는 나쁜 행동도 할 수 있어야 한다.

지도자의 위장된 외모는 실제 어떤 사람인지 모른다

사람들은 일반적으로 손으로 만져보고 판단하는 것이 아니라 눈으로 보고 판단한다. 그것은 누구나 자기 눈으로 바라보지만 직접 만져볼 필요가 있는 사람은 극소수이기 때문이다. 누구나 지도자의 위장된 외모를 바라보지만, 그가 실제로 어떤 사람인지 정확히 파악하는 사람은 극소수이다. 그리고 이 극소수의 사람은 지도자의 비호를 받는 대다수의 사람들에게 감히 대항하지 못한다.

지도자는 여우의 꾀와 사자의 힘을
동시에 가져야 한다

여우는 함정을 빨리 알아채지만 늑대들로부터 자신을 방어할 수 없다. 사자는 함정을 알아챌 수 없지만 늑대들을 물리칠 수가 있다. 따라서 현명한 지도자는 함정을 알아채는 여우의 꾀와 늑대들을 물리치는 사자의 힘을 동시에 갖추어야 한다.

3장
국가 경영론
Management of a State

두 세력이 충돌할 때 중립을 지키는 지도자는 어리석다.
어느 한쪽은 동지가 되고, 다른 쪽은 적이 되어야 한다.

평화와 신의를 외치는 지도자를 조심하라

입을 열기만 하면 오로지 평화와 신의만 외치는 지도자 일수록, 그는 사실 평화와 신의의 철저한 원수이다. 그가 만일 평화의 약속과 신의를 지켰더라면 이미 자기 지위 또는 명성을 잃어버리고 말았을 것이다.

한번 내린 결정은 끝까지 관철하라

사람들은 변덕스럽고 경박하며, 나약하고 비겁하며, 결단성이 없는 지도자를 경멸한다. 지도자는 이러한 기질들을 난파의 원인인 암초처럼 여겨 항상 경계해야 한다. 그와 함께 위엄, 투지, 신중함 그리고 용기를 사람들에게 보여주어야 한다.

그리고 자기가 일단 내린 명령과 결정은 절대로 취소하지 말고 끝까지 관철해서 사람들이 자기를 속이지 못하게 한다. 이렇게 하면 그는 명성을 얻을 뿐만 아니라 사람들이 대항하지 않는다.

외부세력의 공격과 방어를 위해서 무력을 갖추어라

지도자는 외부세력의 공격에 대해 자신의 우수한 무력과 유능한 지원자들로 방어할 수 있다. 그가 우수한 무력을 갖추고 있다면 유능한 지원자들은 항상 몰려들게 마련이다.

내부 음모는 지도자가 대다수의 사람들로부터
미움을 받기 때문이다

내부 음모에 대한 최선의 방어책은 지도자가 대다수 사람들로부터 미움을 받지 않는 것이다. 음모를 꾸미는 사람은 누구나 자기가 지도자를 죽이면 국민들이 모두 만족할 것이라고 생각해서 음모를 꾸민다.

음모는 불평불만의 동조자들과 함께 꾸민다.

지도자를 타도하려는 음모는 참으로 많았지만 성공한 경우는 극히 드물다. 음모란 혼자서는 꾸밀 수 없기 때문에 불평불만을 품은 사람들 가운데서 동조자들을 포섭한다. 만약 포섭 대상자가 음모 자체를 지도자에게 밀고한다면 그의 목숨은 위험해진다.

지도자는 사회지도층과 국민들을 위해 노력하라

대다수 사람들의 지지를 받는 지도자는 내부 음모를 조금도 걱정할 필요가 없다. 하지만 그들이 증오심을 품고 적대적인 태도를 취한다면, 그는 모든 일에 있어서 모든 사람을 조심해야 한다.

지도자에게 가장 중요한 일은 사회지도층 인사들이 자기에 대해 지나치게 실망하지 않도록 하고, 국민들을 위해서는 안심하고 살아갈 수 있도록 모든 노력을 기울인다.

지도자는 혜택을 직접 베풀어서
다수의 지지를 확보하라

사회지도층이란 오만하고 야심적이다. 따라서 지도자
는 그들에게 어느 정도 발언권을 인정해주어서 불만을
해소시킨다. 또한 지도자는 사회지도층을 미워하는 국
민들을, 그들의 횡포로부터 보호해 줌으로써 민심을 얻
어야 한다.

지도자는 인기가 없는 조치는 사회지도층을 통해서
실시하여 국민이 그들을 미워하도록 하고, 혜택을 베풀
때는 지도자가 직접 베풀어서 국민의 지지를 확보한다.

지도자는 나라 질서를 위해
나쁜 일을 선택할 때도 있다

지도자는 야심적인 사회지도층, 무모한 민중, 잔인하고 탐욕적인 군대, 이 세 가지를 모두 만족시켜 줄 수 있다. 그렇기 때문에 어느 한쪽을 선택하고, 다른 쪽의 미움을 살 수밖에 없다. 좋은 일을 하든 나쁜 일을 하든 어느 한쪽의 미움을 받게 마련이라면, 지도자는 나라의 질서를 유지하기 위해서 어쩔 수 없이 나쁜 일을 할 때도 있다.

국민이 군대보다 더 큰 일을 해낸다

군대의 힘으로 권력을 유지하는 지도자는 국민의 요구보다는 군대의 요구를 먼저 채워주어야 한다. 그렇지 않은 지도자는 군대의 요구보다도 국민의 요구를 우선적으로 채워주어야 한다. 왜냐하면 국민들이 군대보다도 더 큰 일을 해낼 수 있기 때문이다.

자신이 무장시킨 자들이 새로운 지지세력이 된다

새로운 지도자로 등장한 사람이 자기가 거느리는 국민의 무장을 해제시킨 예는 없다. 오히려 무장하고 있지 않은 사람들마저도 그는 반드시 무장시켰다. 그래서 평소에 충성이 의심스럽던 사람들은 그에게 충성을 바치게 되고, 원래 충성스럽던 사람들은 계속해서 충성을 바치게 된다. 그 결과 그가 무장시킨 사람들은 그의 새로운 지지세력이 되는 것이다.

모든 사람을 무장시킬 수 없는 경우에는 지도자가 일부만 무장시켜서 그들이 자기에게 한층 더 충성을 바치게 만든다. 한편 무장되지 못한 사람들은 무장한 사람들이 자기들보다 더 큰 위험과 의무를 진다고 생각하여 지도자의 조치를 양해하게 된다.

반면 지도자가 이미 무장하고 있는 사람들의 무장을 해제한다면, 그들은 그가 비겁함 또는 충성심의 결핍 등을 이유로 자기를 불신해서 무장해제를 시켰다고 보아 그를 증오하게 된다.

점령한 지역은 주민의 무장을 모두 해제시켜라

남이 다스리던 지역을 차지하게 된 지도자는 그 지역 주민의 무장을 모두 해제시켜야 한다. 다만 그 지역을 점령하는데 내부에서 호응한 사람들에 대해서는 예외적으로 무장을 허용하지만, 적절한 시기와 기회를 봐서 그들의 세력을 극도로 약화시켜야 한다. 그리고 그 지역의 무력을 자기 군대가 철저하게 장악하도록 조치해야 한다.

분열된 지역은 지도자의 세력을 약화시킨다

점령된 지역의 여러 세력을 서로 대립하도록 분열시키는 것이 그 지역을 다스리는데 효과적이라는 말도 있다. 그러나 이러한 분열은 평화가 유지되는 동안에만 효과가 있을 뿐, 적이 침입해서 공격해 오는 경우에는 아무런 소용이 없다. 분열되어 서로 싸우고 있는 지역은 적의 손에 쉽게 떨어지는 법이기 때문이다.

분열된 지역은 지도자의 세력을 약화시키는 요인이 된다. 따라서 강력한 지도자는 자기가 다스리는 어느 지역에서도 내부 분열을 허용하지 않는다.

073

지도자는 위대한 명성을 얻기 위해
적대세력을 자극한다

현명한 지도자는 적절한 기회가 생기면 적대세력을
교묘하게 자극하여 자기에게 대항하도록 만든다. 그리
고 그들을 제압하여 위대한 명성을 얻는다.

074

지도자는 위대하고 탁월한 명성을 얻어야 한다.

지도자가 명성을 얻으려면 거창한 사업을 일으키고 위
력을 떨쳐야만 한다. 위대하고 탁월하다는 명성을 얻기
위해서는 모든 조치에 최대한의 노력을 기울여야 한다.

내부에서 비밀리에 협조한 사람들을 조심하라

새로운 지역을 차지하게 된 지도자는 비밀리에 내부에서 호응하여 협조한 사람들의 동기를 잘 살펴보아야 한다. 그들이 기존의 지도체제에 대해 불만을 품어서 새로운 지도자를 지지했다면, 그 지지는 오래 가기 힘들다. 그 이유는 그들을 완전히 만족시켜 줄 수 없기 때문이다.

세상에서 가장 튼튼한 요새는
지도자에 대한 국민들의 사랑이다

어느 지역을 안전하게 지키기 위해 설치하는 요새는
시대에 따라서 그 유용성이 다르다. 요새란 유익한 경우
도 있고, 해로운 경우도 있다. 외부의 적보다도 자기 국
민을 더 두려워하는 지도자는 요새를 설치해야 하지만,
자기 국민보다도 외부의 적을 더 두려워하는 지도자는
요새를 설치해서는 안 된다.

세상에서 가장 튼튼한 요새란 지도자에 대한 국민들
의 사랑이다. 국민들이 증오하는 지도자라면 아무리 많
은 요새를 가지고 있어도, 그 요새들이 그를 안전하게 지
켜주기란 불가능하다.

새로운 지도자는
충성이 의심스럽던 사람을 더 신뢰한다

새로운 지도자는 자신이 평소에 신뢰하던 사람들보다도, 처음에는 그 충성이 의심스럽던 사람들을 더욱 신뢰하게 되고, 그들이 한층 더 유용하다는 것을 발견한다. 충성이 의심스러운 사람들에 대해서는 지도자가 그들의 지위를 유지해 주면 쉽게 장악할 수 있고, 그들은 지도자의 의구심을 해소하기 위해 한층 더 충성하기 때문에 더 유익한 것이다.

두 세력 사이에서 중립을 지키는 지도자는 어리석다

두 세력이 충돌할 때 그 사이에서 중립을 지키는 지도자는 어리석다. 어느 한쪽은 친구가 되고, 다른 쪽은 적이 되는 것이 현명한 지도자의 길이다.

중립을 지키는 경우, 승리한 세력이 그를 덮치게 마련이다. 그렇게 되면 패배한 쪽이 고소하게 여겨서 그를 도와주지 않는다. 그러므로 승리한 쪽은 어려울 때 자기를 돕지 않고 기회주의적으로 처신한 그를 친구로 여기지 않고, 패배한 쪽은 그가 파멸하든 말든 내버려둔다.

그의 진정한 친구는 자기편에 서라고 재촉하지만, 진정한 친구가 아닌 쪽은 그에게 중립을 지키라고 요구한다. 결단력이 없는 지도자는 눈앞에 닥친 위험을 우선 피해보려고 중립을 지키지만 대개의 경우 파멸하고 만다.

지도자는 중립이 아닌 한쪽을 선택하라

지도자가 어느 한쪽을 도와줘서 승리하는 경우, 비록 그가 승리자보다 세력이 약해서 눈치를 보는 입장이라고 해도 승리자는 그에게 우호관계를 유지한다. 승리자도 사람이기 때문에 그의 공로를 무시한 채, 해를 끼칠 만큼 사악하지는 않다. 더욱이 승리자가 아무리 의기양양해도 자기가 받은 혜택을 완전히 모른 척 할 수는 없는 법이다.

반면 지도자가 패배한 쪽을 지원한 경우, 패배자는 최대한 그를 지원하고, 언젠가는 그의 지원으로 승리하지 말라는 법도 없다.

지도자는 강한 세력과 손을 잡아야 한다

어쩔 수 없는 경우가 아니라면 지도자는 자기보다 더 강한 세력과 손을 잡고 다른 나라를 공격해서는 안 된다. 그가 지원한 세력이 승리하면, 그는 승리자의 영향력 아래 놓이게 되기 때문이다. 지도자는 다른 사람이 마음대로 자기를 조종하거나 지배하려는 것을 최대한 노력해서 피해야 한다.

지도자는 자신의 정책이 항상 안전하다고 믿지 마라

지도자는 자신의 정책이 항상 안전한 것이라고 믿어서는 안 된다. 오히려 모든 정책이 한결같이 그 결과가 의심스럽다고 믿어야만 한다.

세상일이란 한 가지 어려움을 피하다 보면 다른 어려움에 부딪치는 법이다. 현명한 사람이라면 그 어려움의 본질을 파악한 뒤 피해가 가장 적은 쪽을 선택한다.

지도자는 자기 국민들이
직업에 충실하도록 격려하라

지도자는 실적을 위주로 사람을 판단하고, 유능한 인재를 활용하며, 자기 분야에서 뛰어난 인물을 우대해야 한다. 또한 그는 각종 직업에 종사하는 국민들이 안심하고 자기 직업에 충실하도록 격려하고, 그들이 무거운 세금이나 재산 몰수를 두려워하지 않고 자기 재산을 늘리도록 촉구해야 한다.

성실하게 일해서 재산을 늘리고, 나라의 번영에 기여한 사람에게는 후한 상을 주어야 한다. 그리고 축제나 쇼를 개최하여 국민들과 함께 어울려 자신의 인간미와 넓은 아량을 보여주면서도 위엄은 항상 유지해야 한다.

지도자는 능력 있는 인재가
자신에게 충성하도록 만들라

　지도자 주위에서 일하는 사람들을 살펴보면, 그 지도
자의 사람됨과 능력을 알 수 있다. 그들이 유능하고 충
직하다면, 그 지도자는 그들의 능력을 잘 알아보고 자신
에게 충성을 바치게 만들 수 있는 현명한 인물이다. 반면
그들이 무능하고 충성이 의심스럽다면, 그 지도자는 그
런 사람들을 등용했기 때문에 어리석은 인물인 것이다.

지도자의 능력은 세 분류로 나누어진다

지도자는 능력에 따라 세 가지로 분류가 된다. 첫째 분류는 무슨 일이든 스스로 이해한다. 둘째 분류는 다른 사람이 설명해주어야 이해한다. 셋째 분류는 스스로 이해하지 못할 뿐만 아니라 남이 설명해도 이해하지 못한다. 첫째는 매우 탁월한 인물이고, 둘째는 우수한 인물이며, 셋째는 무능한 인물이다.

지도자의 자질은 그 부하를 보면 알 수 있다

지도자가 아랫사람의 충성을 알아보는 확실한 방법이 있다. 아랫사람이 지도자의 일보다는 자기 자신의 일을 먼저 생각하고, 지도자의 이익보다는 자기 개인의 이익을 위해서 항상 행동한다면, 그는 충성심이 없는 사람이기 때문에 지도자는 그를 신뢰해서는 안 된다.

반면, 자기 일보다는 지도자의 일을 항상 생각하고, 자기 이익은 돌보지 않은 채 지도자의 이익을 위해서만 헌신하는 사람은 매우 충직한 인물이다.

지도자가 아랫사람의 충성을 계속해서 확보하기 위해서는, 항상 그를 배려하고 친절하게 대하며 큰 명예와 재산을 주는 한편, 그의 능력에 맞는 임무를 맡겨야 한다. 그러면 그는 다른 명예와 재산을 원하지 않고 자기 지위를 잃을까 두려워서 충성한다.

지도자는 인재와 무능한 자를
구별할 줄 알아야 한다

지도자 주위에는 언제나 아첨꾼들이 득시글거리게 마련이다. 현명하지 못하거나 인재와 무능한 자를 구별할 줄 모르는 지도자는 아첨꾼들의 아첨에 속을 수밖에 없다. 사람이란 원래 자화자찬하기를 좋아해서 사물을 올바르게 보지 못하기 때문에 아첨에 쉽게 속는다.

지도자는 부하가 사실을 사실대로 말해도 의연하라

지도자가 아첨을 막으려고 하는 경우, 그는 아랫사람들로부터 경멸당할 위험이 있다. 아첨을 막는 유일한 방법은 아랫사람이 사실을 사실대로 말해도, 지도자가 절대로 화를 내거나 불쾌하게 여기지 않는다는 것을 모든 사람에게 알리는 것이다. 그러나 누구나 지도자에게 사실을 사실대로 말하게 되면 아랫사람들은 그 지도자를 존경하지 않는다.

지도자는 누구의 말에도 흔들리지 마라

현명한 지도자는 학식이 풍부하고 양심적인 인물 몇몇 사람을 골라서 자기 고문으로 삼은 뒤, 오로지 그들에게만 사실을 사실대로 말할 수 있는 자유를 준다. 다만 고문들은 그가 물어보는 사항에 관해서만 자기 의견을 말해야 한다.

물론 지도자는 무엇이든지 거리낌 없이 그들에게 질문하여 의견을 들은 뒤, 자기 나름대로 곰곰이 생각하여 결정을 내린다. 그리고 지도자는 이러한 고문들 이외에는 그 누구의 말에도 귀를 기울여서는 안 된다.

4장
국가 보위론

Defence of a State

전쟁을 피할 수 없는 경우
그 전쟁이 정당하며 무력 이외에 희망을 걸 수 없다면
그 무력은 신성한 것이다.

아랫사람이 사실대로 보고하지 않으면 화를 내라

지도자는 아랫사람들의 조언을 항상 받아 들여야 한다. 그러나 아랫사람이 조언하고 싶어 할 때 조언을 받는 것이 아니라, 오로지 자기 자신이 조언을 듣고 싶어 할 때만 받는다. 반면, 자기가 물어보지도 않았는데도 아랫사람들이 조언하려고 하면 그것을 절대로 허용해서는 안 된다.

지도자는 되도록 많은 질문을 던져야 하고, 자기가 물은 사항에 관해서는 아랫사람이 보고하는 사실을 참을성 있게 들어주어야 한다. 그리고 아랫사람이 사실을 사실대로 말하지 않으면 화를 내야 한다.

현명한 지도자는 현명한 조언을 얻는다

현명하지 못한 지도자는 현명한 조언의 도움을 받을 수가 없다. 지도자를 둘러싼 고문들은 의견 통일을 하지 못해서 지도자에게 현명한 조언을 줄 수 없다. 그런 고문들은 각자 자기 이익만을 생각하고, 지도자는 그들을 통제하거나 이해하지 못하게 된다. 아랫사람이란 어쩔 수 없이 사실을 사실대로 말해야만 하는 경우가 아니면, 지도자에게 항상 허위보고를 하는 법이다.

권력은 자력으로 획득했을 때만 확고하다

자기 힘으로 일어난 지도자의 행동은, 세습적 지도자의 경우보다 사람들이 더 유심히 관찰한다. 그가 자신의 능력을 입증하면 세습적 지도자의 경우보다 훨씬 쉽게 민심을 얻을 수 있고, 그들의 충성을 굳게 확보할 수 있다. 이러한 사실은, 사람이란 지나간 과거보다도 현재 상태에 관해 더 관심이 많기 때문이다.

물려받은 권력은
자신을 방어할 무력을 갖추지 못한다

지도자의 지위를 물려받았지만 자신의 어리석음 때문에 그 지위를 잃은 사람들은 수치를 두 배로 맛본다. 그들은 자신을 방어할 무력을 갖추지 못했다는 공통점이 있다. 일부는 국민들이 증오하는 존재가 되었고, 또 다른 일부는 사회지도층의 지지를 확보하지 못했다. 그들은 불운을 탓할 자격이 없다.

지도자는 평온할 때 미리 닥칠 사태를 대비하라

사람들의 일반적인 잘못은 날씨가 좋을 때 앞으로 닥칠지도 모르는 폭풍우에 대해 전혀 걱정하지 않는다는 것이다. 이와 마찬가지로 어리석은 지도자는 평온할 때 불가피하게 닥칠 사태의 변화를 미리 예측하지 못한다. 그리고 위기가 닥치면 자기가 먼저 달아날 생각만 한다.

피할 수 없는 무력은 신성한 것이다

전쟁을 도저히 피할 수 없는 사람들에게는 그 전쟁이 정당하다. 무력 이외에는 희망을 걸 데가 전혀 없는 경우에, 그 무력은 신성한 것이다.

지도자는 혼자 힘으로 방어할 때
확고한 힘이 생긴다

누군가가 자기를 다시 일으켜 줄 것이라 믿으면서 스스로 땅에 쓰러지는 사람은 없다. 마찬가지로 누군가가 지도자를 일으켜 줄 수도, 그렇지 않을 수도 있다. 설령 지도자가 남의 도움으로 다시 일어난다고 해도 그는 안전하지 못하다. 왜냐하면 자기 힘으로 일어난 것이 아니라 비겁한 자의 도움을 받았기 때문이다. 방어란 오로지 자기 혼자 힘으로 했을 때에만 확고한 힘이 생기며 오래 지속된다.

운명은 신의 뜻이 아닌, 자신의 의지대로 움직인다

사람들은 모든 일이 운명과 신의 뜻에 따라 이루어진다고 생각한다. 그래서 '아무리 발버둥 쳐도 소용이 없다'고 믿는다. 물론 나도 어느 정도 동감한다.

그러나 인간의 자유 의지가 완전히 무기력한 것은 아니다. 우리 인간의 모든 행동에 대해서 운명은 그 절반만 지배하고, 나머지 절반은 우리 자신에게 맡긴다고 본다. 예를 들면 범람하는 탁류가 모든 것을 휩쓸어가기도 하지만, 강물이 고요할 때 사람들은 둑을 쌓고, 운하를 만들어 강물을 조절할 수 있는 것과 마찬가지다.

대세에 따르지 않는 지도자는 망한다

모든 것을 운명에 맡길 정도로 천박해진 지도자는 행운이 불운으로 바뀌면 반드시 파멸한다. 또한 시대의 대세에 잘 적응하는 지도자는 흥하고, 시대의 대세를 따르지 않는 지도자는 망한다.

사람들이 목표에 이르는 방법은 제각기 다르다

사람은 누구나 명성과 재산을 목표로 삼는다. 그 목표에 이르는 방법은 제각기 다르다. 신중한 사람이 있는가 하면, 신속하게 행동하는 사람도 있다. 폭력을 쓰거나 교활한 책략을 쓰기도 하고, 참을성 있게 추구하거나 조급하게 굴기도 한다.

신중한 지도자보다 과감하게
운명에 도전하는 지도자가 되라

　지도자는 지나치게 신중하게 행동하는 것보다는 과감
하게 운명에 도전하는 것이 더 낫다. 왜냐하면 운명은
여자이기 때문이다. 운명을 지배하고 싶다면 지도자는
그녀를 힘으로 정복해야 한다. 그녀는 침착하고 신중하
게 행동하는 사람보다 용감하게 달려드는 사람에게 정
복당하기를 더 원한다.
　여자와 마찬가지로 운명도 젊은 사람들을 항상 좋아
한다. 왜냐하면 젊은 사람들이란 신중함이 적으면서, 한
층 더 난폭하며 겁도 없이 도전해서 그녀를 지배하기 때
문이다.

지도자는 시대와 환경의 변화에 적응하라

신중한 지도자도 시대가 신속하고 과감한 행동을 요구하는 경우, 거기에 적응하지 못하면 결국은 파멸한다. 지도자가 시대와 환경의 변화에 따라 자신의 기질도 변화시킨다면, 그는 불운을 맛보지 않는다.

5장
권력 세습론
Hereditary Ruling Power

로마 제국은 황제의 지위가 세습되면서
파멸의 길을 걸었다.

관용을 베푸는 지도자가 높이 평가된다

사람들은 관용의 소질을 가진 지도자보다는 실제로 관용을 베풀고 있는 지도자를 더 높이 평가한다. 지도자의 지위를 물려받았지만 다스릴 줄 모르는 사람보다는 실제로 잘 다스릴 줄 아는 지도자를 더욱 존경한다.

지도자는 역사의 의미와 교훈을 깨달아야 한다

지도자가 제 구실을 못하는 이유는, 그가 과거의 역사에 대해 무지하거나 역사의 의미와 교훈을 깨닫지 못하기 때문이다.

법을 제정하는 사악한 지도자의 기질은
언젠가는 드러난다

법을 제정하는 지도자는 사람들이 모두 사악하다. 그
사악한 기질이 드러나지 않고 있는 경우에는 그것이 드
러날 기회를 얻지 못했기 때문이다. 그러나 모든 진실의
아버지라고 불리는 시간은 그들의 사악한 기질을 언젠
가는 드러내 준다.

사람들의 올바른 행동은 강제력으로 할 수 없다

사람들의 올바른 행동은 강제력으로 할 수 있는 것이 아니라 스스로 올바른 행동을 한다. 만약 나쁜 짓을 저지르고도 처벌을 받지 않는다면, 사람들은 어디서나 나쁜 짓을 저질러 무질서와 혼란을 초래할 것이다.

이런 이유로, 가난과 굶주림이 사람들을 부지런하게 만들고 법률이 선한 사람으로 만든다고 한다. 모든 여건이 순조로워서 강제력을 동원하지 않아도 사람들이 올바른 행동을 한다면 법은 필요가 없다. 그러나 그런 여건이 없는 경우에는 법이 필요하다.

사회질서는 행운과 엄격한 군사력에서 나온다

로마제국은 행운과 엄격한 군사적 기강의 결과이다. 기강이 바로 서면 사회질서가 올바로 유지되고 그 결과 행운이 뒤따르는 법이다.

국민들은 지배받지 않고 자유롭게 살기를 원한다

자유를 보장하는 법률은 사회지도층과 국민들이 대립한 결과 만들어진 것이다. 로마인들은 자유를 보장하는 권한을 사회지도층이 아니라 국민들 자신에게 맡겼다. 사회지도층은 국민들을 지배하려고 하지만, 국민들은 그들의 지배를 받지 않고 자유롭게 살기를 원한다.

자유를 보장하는 권한을 국민들이 장악하면, 그들은 사회지도층의 경우보다 그 권한을 남용하지 않고 더욱 잘 보존한다. 또한 그들은 그 권한을 스스로 버리지도 않고 남에게 빼앗기려고도 하지 않는다.

훌륭한 교육은 좋은 법률 때문에 이루어진다

훌륭한 모범은 훌륭한 교육의 결과이고, 훌륭한 교육은 좋은 법률 때문에 이루어진다. 그리고 좋은 법률은 대부분의 국민이 무모하다고 주장하는 극단적인 것에서 만들어진다.

지도자는 국민들이 부당한 대우를 받지 않게 하라

사회지도층과 국민들이 대립하는 경우, 그 사이에 끼인 지도자가 자기 권한을 유지하는 최선의 방법은 국민들이 부당한 대우를 받지 않도록 보호하는 것이다.

많은 인구로 무장해야 영토를 지킬 수 있다

많은 인구를 가지고 또 그들을 잘 무장시킨 경우에만 나라의 영토를 확장할 수 있다. 그렇지 않은 경우에 영토를 확장하는 나라는 무력이 약하기 때문에 언제나 파멸하고 만다.

베니스 공화국은 전쟁이 아니라 돈과 속임수로 영토를 크게 확장했지만, 결국 단 한 번의 전투에서 패배하여 영토를 거의 다 잃고 말았다.

어느 나라든 흥망성쇠는 있다

사람이란 한 곳에 계속해서 머물지 못하고 언제나 이동하기 때문에 어느 나라든 흥망성쇠가 있게 마련이다. 그리고 어느 나라든 원하지 않는데도 불구하고 불가피하게 특정 조치를 취해야 하는 경우가 많다.

무기력과 내분은 나라의 파멸을 초래한다

전쟁에 한번도 휘말리지 않고 평화를 오래 지속시킨 나라가 있다면, 그런 나라는 스스로 무기력해지거나 내분에 직면한다. 무기력과 내분은 동시에 작용하거나 개별적으로 작용하여 그 나라의 파멸을 초래한다.

모함을 없애려면 고발을 제도화하라

증인이나 내용의 입증 등이 없어도 모함할 수 있기 때문에 누구나 모함의 대상이 될 수가 있다. 반면 법적인 고발에는 구체적인 증거가 반드시 필요하다. 모함은 사람들이 많이 모인 장소나 밀실에서 퍼지지만, 고발은 책임 있는 관리나 위원회, 시민총회에서 제기한다.

법적인 고발은 나라에 크게 유익한 것이지만, 모함은 매우 해로운 것이다. 모함의 풍조를 없애는데 가장 효과적인 방법은 법적인 고발을 제도화하는 것이다. 고발이 제도화되지 않거나 공정하게 처리되지 않으면 모함이 판치게 된다.

현명한 지도자는 모든 국민이 누구나 두려움을 느끼지 않은 채 법적 고발을 할 수 있도록 보장하고, 그런 고발에 대해 공정하게 처리하며 모함하는 사람들을 반드시 처벌해야 한다.

113

현명한 지도자는 유능한 인물을 모함하지 않는다

야심가들이 권력을 장악하기 위해 자주 사용하는 수단이 바로 유능한 인물들에 대한 모함이다. 현명한 지도자는 이것을 경계해야 한다.

114

복지와 선행을 위한 독재는 비난받지 않는다

자신의 이익보다는 공공의 복지를 향상시키려고 하고, 자기 후계자들보다는 나라 자체의 이익을 우선으로 하는 지도자는 모든 권한을 혼자 독점해야만 한다.

지도자가 취한 행동의 결과가 나라와 국민들에게 유익하다면 비난을 받지 않는다. 파괴의 목적으로 폭력적 수단을 동원하면 비난을 받지만, 혜택을 베풀기 위한 목적으로 그런 수단을 사용하면 비난을 받지 않는다.

자신의 모든 권한을 후계자에게 넘기지 마라

모든 권한을 혼자 독점한 지도자는 현명함과 실력을 충분히 구비해야 한다. 자신의 권한을 후계자나 다른 사람에게 고스란히 넘겨주어서는 안 된다. 사람이란 선행보다는 악행으로 기울기가 더 쉬운 법이어서, 오로지 선한 목적으로 사용하던 권한을 후계자가 나쁜 목적으로 악용할지도 모르기 때문이다.

그러나 한 사람이 모든 권한을 독점한 조직은 오래 지탱할 수 없다. 그러므로 일단 체제가 정비된 뒤에는 지도자가 권한을 많은 사람에게 분산시켜 여러 사람이 그 조직을 유지하도록 하는 것이 좋다.

나라를 건국한 사람의 명성은
문학가나 예술가와는 다르다

종교를 창시한 사람들이 가장 큰 명성을 얻는다. 그 다음은 나라를 건국한 사람들이다. 그 다음이 군대를 지휘해서 영토 확장에 기여한 지휘관들이다. 문학가들과 예술가들도 명성을 얻지만, 그들은 위의 세 가지 경우에 속하는 사람들과 종류가 다르다. 문학가들과 예술가들은 개인의 탁월한 실력에 따라 각각 명성을 얻는다.

폭력적이거나 사악한 지도자가 되지 마라

종교를 탄압 또는 파괴하는 자, 나라를 뒤엎는 자, 도덕과 학문, 문학과 예술을 적대하는 자는 모든 사람의 배척을 받고 치욕의 대상이 된다. 그들은 경건한 마음이 없고 폭력적이며, 무식하고 게으르며, 사악하고 천박한 자들이다.

반드시 칭송받아야 할 사람을
칭송하는 것은 아니다

사람들은 마땅히 칭송받아야 할 사람을 반드시 칭송
하거나, 마땅히 비난받아야 할 사람을 언제나 비난하는
것은 아니다.

칭송하는 자들의 말을 믿지 마라

수많은 저자들이 칭송한 줄리어스 시저(영국의 극작가 셰익스피어의 비극, 로마 공화정 시절 카시우스와 브루투스 일당이 시저가 황제가 되려는 야심을 갖고 있다고 생각하여 그를 암살한 뒤 파멸하는 역사적 사실을 소재로 한 비극이다)의 영광에 속아서는 안 된다. 그를 칭송한 자들은 그의 돈에 매수되었다. 그의 이름으로 오래 지속된 제국에 대해 공포를 느낀 탓에 저술의 자유를 누리지 못했기 때문이다.

악한 의도를 품은 사람보다 실제로 악행을 저지른 사람이 더욱 비난받아야 되는 것처럼 줄리어스 시저도 한층 더 비난을 받아야 한다. 시저의 권력이 두려워서 그를 비난할 수가 없던 사람들은 그의 적이었던 마르쿠스 브루투스(로마 공화정 말기 정치가)를 오히려 크게 칭송했다.

로마제국은 황제가 세습되면서 파멸의 길을 걸었다

로마제국에서 세습 황제들은 티투스(로마 10대 황제)를 제외하면 모두 사악하고 졸렬한 인물이었다. 그러나 양자로 들어가서 지위를 물려받은 황제들은 모두 훌륭했다.

로마제국은 황제의 지위가 세습이 된 뒤부터 파멸의 길을 걸었다. 줄리어스 시저는 로마와 이탈리아 온 세상에 엄청난 피해를 입힌 인물이다. 참된 영광과 명성을 얻기를 갈망하는 지도자라면 시저를 본받아서는 안 된다.

훌륭한 군대의 유지와 기강은 종교의 힘에서 나온다

종교가 확립된 곳에서는 훌륭한 군대가 유지되고 기강이 튼튼해진다. 그러나 군대는 있지만 종교가 없는 곳에는 새롭게 종교를 확립시키기가 매우 어렵다.

어느 민족의 경우든 법을 만드는 탁월한 지도자는 항상 신의 권위에 의존했다. 신의 권위를 빌려오지 않은 법에 대해서는 국민들이 그것을 법으로 인정하지 않는다.

새로운 나라의 건설은
문명 혜택을 모르는 사람들이 더 쉽다

　새로운 나라를 새로 건설하려면, 도시에 살면서 부패
한 사람들보다는 차라리 문명의 혜택을 모른 채 산에서
사는 사람들을 거느리고 나라를 세우는 편이 더 쉽다.
　이는 미숙한 조각가가 먼저 손을 대서 졸작으로 만든
대리석 조각을 수정하는 것보다 대리석 덩어리를 가지
고 처음부터 다시 조각하는 것이 더 쉬운 것과 같다.

종교의 성쇠는 국가의 흥망을 초래한다

초기 로마는 종교가 확립된 덕분에 번영을 누릴 수 있었다. 종교로 인해 훌륭한 법률이 생겼고, 훌륭한 법률 때문에 해운과 모든 사업이 성공할 수 있었다.

반면, 종교가 쇠퇴해지면 신에 대한 두려움도 약해져서 나라는 파멸하고 만다. 다만 국민들이 지도자를 두려워할 경우, 그 지도자는 종교의 쇠퇴로 인한 악영향을 일시적으로 막을 수는 있다. 그러나 인간의 수명이 짧기 때문에 그리 오래가지 못한다.

인간의 지혜는 물려받을 수 없다

국가의 운명이 오로지 한 사람의 지도자 역량에 달려 있다면, 그런 나라는 잠시 지탱될 뿐이다. 왜냐하면 그의 역량은 죽음과 더불어 사라지고 후계자는 그와 같은 역량을 발휘하기 희박하다.

이에 관해 단테는 다음과 같이 말했다.

"인간의 지혜는 한 지도자로부터 그 후계자가 물려받을 수는 없다. 모든 인간은 매번 신에게 지혜를 선물로 달라고 요청하기 때문이다."

따라서 나라의 번영은 한 지도자가 자기 생존 기간 중에 현명하게 다스릴 뿐만 아니라, 자기가 죽은 뒤에도 그 나라를 지탱해 줄 법률을 미리 마련해 두어야 한다.

다른 사람이 성취한 것은 자기도 성취할 수 있다

피렌체(플로렌스)를 한때 지배한 수도자, 지롤라모 사
보나롤라(이탈리아 도미니크회의 수도사, 종교개혁가)는 기
적을 보여주지 못했지만, 대부분의 시민들은 그가 하느
님과 직접 대화한다고 믿었다. 그는 청렴결백한 생활,
설교의 주제와 내용을 가지고 그들의 신뢰를 얻었다.

사람은 누구나 다른 사람이 성취한 것을 자기도 성취
할 수 있다. 사람은 모두 같은 방식으로 태어나서 살다
가 죽는 존재이다. 그러므로 다른 사람들의 행적을 본받
아야 한다.

국민들은 지도자의 권위를 보고 기적을 믿는다

현명한 지도자는 종교적 기적이 언제 어떻게 유래했는
지 상관하지 않은 채, 그런 기적을 매우 중요하게 여긴다.
국민들은 지도자의 권위를 보고 기적을 믿기 때문이다.

부정과 부패에 물들지 않으려면
종교의 가르침을 준수하라

지도자가 부정과 부패에 물들지 않기 위해서는 무엇보다도 종교의 모든 가르침과 예식을 순수하게 보존하고 경건한 마음으로 충실하게 준수해야 한다. 종교의 쇠퇴는 나라가 쇠망하고 있다는 가장 뚜렷한 증거이기 때문이다.

종교의 기초가 확고해서 흔들리지 않는다면, 국민들이 경건하기 때문에 그 결과 올바르게 처신하고 단결시키기 쉽다. 종교의 발전에 도움이 된다면 무엇이든지 설령 그것이 거짓된 것을 믿는다 해도 수락하고 장려해야한다. 지도자가 이러한 일에 힘을 쓸수록 더욱 현명하고사물의 자연적인 추세를 한층 더 잘 이해하게 된다.

교회의 부패는 부정과 무질서를 초래한다

그리스도교가 창시자의 기본교리에 처음부터 충실했 더라면 그리스도교를 믿는 나라들은 현재의 상태보다 한층 더 단결하고 행복한 나라가 되었을 것이다. 그리스 도교의 중심인 로마 교회와 가까우면 가까울수록 그들 의 종교심이 더욱 빈약하다는 사실은 이 종교가 쇠퇴했 다는 가장 뚜렷한 증거이다. 로마 교회의 파멸과 엄청난 시련이 그리 멀지 않았다고 본다.

로마 교회의 부패는 이탈리아에서 경건한 마음과 신 앙심을 모두 파괴하고 무수한 부정과 무질서를 초래했 다. 더욱이 로마 교회는 교황 국가를 유지하여 이탈리아 를 분열시켰고, 지금도 그 분열 상태를 계속해서 조장하 고 있다.

지도자는 종교의 조짐을
자기 식으로 군사적 조치에 반영한다

초기 로마에서는 신성한 닭들이 모이를 쪼아 먹으면 조짐이 좋고, 그렇지 않으면 조짐이 나쁘다고 여겼다. 그렇기 때문에 좋은 조짐이 나오지 않으면 중요한 정치적, 군사적 조치를 취하지 않았다. 이러한 제도는 그들 종교의 기초일 뿐만 아니라 번영의 원인이기도 했다.

이는 군사들의 자신감이 승리의 가장 확실한 보증이기 때문이다. 전투하기 전날 밤에 좋은 조짐을 얻으려고 한 것은 오로지 그들에게 자신감을 심어주려는 데 그 목적이 있었다.

그러나 지도자들은 어떤 조치를 반드시 취해야 하는 경우, 불경스럽다는 인상을 주지 않은 채 조짐을 교묘하게 자기 식으로 해석하여 필요한 조치를 취했다.

국민들이 절대 권력에 길들여지면
자유를 보존하기 힘들다

절대 권력에 길들여진 국민들이 우연히 자유를 회복
했다고 해도, 그들은 그 자유를 보존하기가 매우 어렵
다. 그들은 스스로 다스리는 데 익숙하지 못하고 정치와
군사에 관해 무지하기 때문에 과거의 지도자보다 한층
더 가혹한 지도자의 손아귀에 떨어질 위험이 크다.

국민의 대부분이 부패하지 않은 경우에도 이러한 위
험은 크다. 그러나 대부분이 부패한 경우에는 자유를 잠
시라도 보존하기가 불가능하다.

부패한 나라에서는 좋은 법률이나 제도가
효과를 발휘하지 못한다

철저하게 부패한 나라에서는 아무리 좋은 법률이나 제도도 전반적인 부패의 추세를 막는 데 효과를 발휘하지 못한다. 왜냐하면 국민들의 올바른 행동은 좋은 법률의 뒷받침이 필요한 반면, 좋은 법률이 준수되려면 국민들의 올바른 행동이 필요하기 때문이다.

권력 강화에 가장 효과적인 수단은 국민의 민심이다

지도자가 대부분의 국민들로부터 미움을 받을 경우, 그들에게 가혹한 조치를 취할수록 그의 권력은 더욱 약해진다. 그가 권력을 강화하는 가장 효과적인 수단은 민심을 얻는 길이다. 그가 가장 먼저 해야 할 일은 국민들이 원하는 것이 무엇인지 깨닫는 것이다.

국민들은 두 가지를 원한다. 하나는 과거에 자기들의 자유를 빼앗고 탄압한 자들에 대한 복수이고 또 하나는 자유의 회복이다.

복수에 관해서는 그가 완전히 만족시켜 줄 수 있지만, 자유의 회복에 대해서는 일부만 만족시켜주어야 한다. 지도자는 초기에 모든 필요한 조치를 취해야 한다. 만약 기회를 놓치고 나면 후회해도 소용이 없다.

부패한 지도자는 국민들도 부패하게 만든다

지도자의 부패로 국민들이 부패했다면 그 지도자는 제거되어야 한다. 덕성과 용기를 지닌 새로운 지도자가 등장하지 않는 한 그들의 자유는 보존되지 못한다. 물론 새로운 지도자가 등장해도 그들의 자유는 그가 살아 있는 동안에만 잠시 보존되는 것이다.

로마제국의 경우 쥴리어스 시저, 칼리굴라(로마 3대 황제), 네로(로마 5대 황제)를 거쳐서 그 가문의 대가 끊어진 뒤에도 국민들의 자유가 보존되기는커녕 회복되지도 못했다. 왜냐하면 쥴리어스 가문이 지배하는 동안에 로마는 최악으로 부패했기 때문이다.

강력한 지도자가 법치국가를 회복한다

국민들이 부패하지 않고 건전하다면 소동과 충돌이 그리 심각한 피해를 끼치지 못한다. 그러나 국민들이 철저히 부패하고 나면 아무리 좋은 법률도 소용이 없다. 오로지 강력한 지도자가 등장해서 사람들이 법을 지키도록 만들고, 그들을 건전하게 회복시켜야 한다.

그러나 강력하고 훌륭한 지도자라고 해도 오랫동안 부패에 젖었던 국민들이 부패를 버리고 올바른 생활을 하도록 만들만큼 오래 살지 못한다. 결국 그가 죽으면 국민들은 다시 부패한 관습으로 돌아간다.

나라가 부패하지 않으려면 훌륭한 인재를 등용하라

나라가 부패하면 유능하고 자격이 있는 인재에게만 부여되던 직책도 그 의의가 상실되어 매우 해로운 제도로 변질된다. 왜냐하면 가장 권력이 강한 자가 그 자리를 차지하고, 정작 자격이 있는 훌륭한 인재들은 가장 권력이 강한 자를 두려워해서 피하기 때문이다. 이러한 결과는 하루아침에 나타나는 것이 아니라 점진적으로 이루어진다.

지도자는 시민들의 자유 투표로 선출하라

로마의 집정관들은 세습이나 속임수, 폭력수단이 아니라 시민들의 자유 투표로 그 지위를 얻었고, 대부분이 탁월한 인재였다. 로마는 그들 덕분에 오랫동안 최고의 번영을 누렸다. 훌륭하고 유능한 인재를 지도자로 선출하는 제도는 모든 나라에서 항상 실시되어야 마땅하다.

시대에 맞지 않는 기본법을 개정하기는 불가능하다

나라의 기본법이 시대에 맞지 않으면 한꺼번에 모두 개정하거나 조금씩 점진적으로 고쳐야 한다. 그러나 두 가지가 모두 불가능하다.

점진적인 개정은 어떤 현명한 사람이 처음부터 그 문제점을 파악해서 실시해야 하는데, 그런 인물은 법을 개정할 수 있는 지위에 올라가지 못한다. 설령 그런 자리에 올라갔다고 해도 다른 사람들을 설득할 수가 없다. 왜냐하면 한 가지 습관에 오래 젖은 사람은 그 습관을 쉽게 버리지 못하고, 코앞에 닥친 위험이 아니라 멀리서 희미하게 바라보이는 위험에 대해서는 미리 대처하지 않기 때문이다.

한꺼번에 모두 개정하기 위해서는 무력 등의 비상수단을 동원해야 하는데, 아무리 목적이 좋다고 해도 덕성 있고 훌륭한 인물이 그렇게 하는 경우는 극히 드물다. 또한 사악한 인물은 좋은 목적으로 일을 하지 않기 때문에 일단 권력을 잡고 나면 좋은 일을 하지 않는다.

국민의 이익보다
자기 권력의 강화를 목적으로 하지 마라

부패한 나라에서 볼 수 있는 최악의 사태는, 오로지 권력이 가장 강한 자가 법률안을 제안하는 것이다. 지도자는 나라와 국민들의 이익이 아니라 자기 권력의 강화를 목적으로 한다. 그리고 다른 사람들은 두려움 때문에 반대 발언을 못한다. 결국 국민들은 힘에 눌리거나 속아서 자기 무덤을 파는 법을 받아들인다.

공적을 세운 자도 범죄자라면 처벌해야 한다

지도자는 자기 세력의 일부에 자기 운명을 모두 걸어서는 안 된다. 질서가 제대로 잡힌 나라에서는 누구나 과거에 세운 공적이 있다고 해서 새로운 범죄에 대한 처벌을 면제받아서는 안 된다.

나라의 이익을 해치는 행동에 대해서는 과거의 공적을 고려하지 말고 처벌해야 한다. 이러한 원칙이 잘 준수되는 나라는 오랫동안 자유를 보존하고, 그렇지 못한 나라는 급속히 파멸할 것이다. 과거의 공적 때문에 특정인을 사면한다면 법의 권위는 땅에 떨어지고 만다.

반면, 아무리 작은 공적에 대해서도 반드시 상을 주어야 한다. 상을 받은 사람은 그것을 언제나 가장 영광스럽게 여기는 법이다. 확인되지 않은 의심스러운 사항에 대해 그것을 준수하겠다고 약속하는 것은 현명하지 못하다.

새로운 제도 개혁은 과거의 제도와 비슷해야 한다

새로운 제도로 나라를 개혁하려고 한다면 개혁은 성공한다. 그러나 국민 모두를 만족시키기 위해서는 새로운 제도가 과거의 제도와 조금이라도 비슷해야 한다. 또한 새로운 제도가 과거의 제도와 전혀 다른 것이라 해도 사람들에게는 별로 달라진 것이 아니라는 생각을 하도록 만들어야 한다.

왜냐하면 대다수의 사람들은 외모만 보고, 그것이 마치 실제로 그런 것처럼 여겨서 만족하기 때문이다. 사람이란 사물의 실체 상태보다도 그 외모에 따라 더 영향을 받는다.

과거의 낡은 제도를 타파하고 새롭고 자유로운 제도를 도입하려는 사람은 위의 원칙을 반드시 준수해야 한다. 관리의 숫자, 권한, 임기 등을 변경하는 경우에는 최소한 과거의 명칭만은 유지해야 한다.

절대 권력자는 잔혹을 선택한다

절대 권력 체제를 새로 확립하려는 경우에는 모든 것을 한꺼번에 바꿔야 한다. 그는 모든 관리를 새로 임명하고 가난한 자를 부유한 자로 만들어야 한다. 낡은 도시를 파괴하고 새로운 도시를 건설하며 주민들을 강제로 이주시켜야 한다. 모든 지위, 명예, 재산 등이 그의 손을 통해서 부여되어야 한다.

물론 이러한 조치는 잔인하고 파괴적이며 비그리스도교적일 뿐만 아니라 비인간적인 것이기 때문에 피하는 것이 좋다. 사실 수많은 사람을 희생시키는 군주 한 명의 목숨보다는 시민 한 명의 목숨이 더 귀중하다. 그러나 권력을 유지하고 싶은 지도자는 잔혹한 이 길을 선택해야 할 것이다.

사람이란 철저하게 악하지도 선하지도 않다

사람이란 철저하게 악하지도 않고 지극히 선하지도 않다. 따라서 너무나도 어마어마한 범죄를 저지를 기회가 닥치면 감히 그런 범죄를 저지르지 못하는 경우도 있다.

근친상간에다가 자기 아버지를 살해한 페루니아의 권력자는 극소수의 호위병만 데리고 교황 줄리어스 2세가 자기를 찾아왔을 때, 정적인 그를 제거할 절호의 기회를 얻었는데도 감히 그를 처치하지 못하고 항복했다.

공적을 세운 자를 처벌하는 것은 두려움 때문이다

로마의 역사가 타치투스는 "사람이란 은혜에 보답하는 것보다 자기가 받은 피해에 대해 보복하기를 더 좋아한다. 보은은 부담스럽지만 보복은 즐거움이기 때문이다."라고 말했다.

군주들 가운데는 적과 싸워서 승리하여 큰 공적을 세운 장군을 포상하기는커녕 처벌하는 경우가 많다. 이러한 배은망덕은 인색함이나 두려움에서 나오는 것이다.

승리한 장군이 큰 명성을 얻으면 군주는 그의 승리 자체를 불쾌하게 여기고 그를 두려워한다. 사람의 본성은 야심적이면서도 동시에 의심이 많은 법이다. 군주도 두려움과 의심에서 벗어날 수 없다.

승리 후에도 군주의 처벌은 있을 수 있다

승리를 거두었는데도 군주의 처벌을 피할 길이 없다고 판단되는 경우에 장군이 취할 길은 두 가지다. 하나는 승리를 거두자마자 즉시 군대의 지휘권을 포기하는 것이다. 또 다른 하나는 자신의 야심과 오만을 드러내지 않은 채, 자신을 군주의 처분에 맡기는 것이다. 그러면 군주는 두려움이나 의심을 느끼지 않고 포상하거나 최소한 해치지 않는다.

위의 두 가지 방법이 적절하지 않다고 판단되면 은혜를 모르는 그 군주를 타도해야 한다.

지도자는 국민의 지지를 미리 확보해라

　나라의 지도자는 앞으로 닥칠지 모르는 위기에 대해
평소에 미리 대비해야 한다. 국민들에게도 혜택을 베풀
어서 그들의 지지를 미리 확보해야 한다. 그렇게 하지
않으면 지도자는 위기가 닥쳤을 때 민심을 얻지도 못할
뿐만 아니라 자신의 파멸을 촉진할 것이다.

6장
절대 권력론

Absolute Power

결단성이 없는 권력자는 강제력을 적용하지 않으면

현명한 조치를 취할 수 없다

사악한 세력을 눈여겨보아라

나라의 체제를 위협하는 사악한 세력의 등장을 지도자가 간파했다면, 그는 모질게 공격하는 것보다 당분간 내버려두는 것이 더 현명하다. 그렇게 하면 그런 세력이 스스로 소멸하게 되거나, 아니면 적어도 최악의 결과를 오랫동안 연기시킬 수 있기 때문이다.

불이 났을 때 입김을 불어서 그 불을 끌 수 있다고 믿어서는 안 된다. 지도자는 사악한 세력의 실력을 잘 파악한 뒤 자신에게 공격할 힘이 충분하다고 판단되면, 결과를 따지지 말고 무조건 공격해야 한다. 반면 공격할 힘이 충분하지 못한 경우에는 절대로 공격하지 말고 당분간 내버려 두는 것이 좋다.

지도자는 합법적인 절차에 의해 선출하라

나라에 해로운 것은 정상적인 절차에 따라 합법적으로 취임한 지도자가 아니라, 불법적인 방법으로 권력을 장악한 지도자다.

로마가 번영하고 영토를 확장한 여러 요인 가운데 하나는 위기에 처했을 때, 비상조치를 취할 수 있는 권한을 가진 지도자를 임명한 것이다. 어느 나라든 이러한 지도자의 임명은 반드시 필요하다. 이런 지도자를 임명하는 절차를 미리 법으로 정해 놓지 않은 나라는 결코 안전하지 못하다.

자신이 선택한 상처와 피해는 덜 고통스럽다

자신의 선택에 따라 스스로 받은 상처와 피해는 긴 안목으로 볼 때, 남의 손에서 입은 상처와 피해보다 덜 고통스러운 법이다.

절대 권력은 추종자들과 당파를 만든다

절대 권력은 사람들을 신속하게 부패시키고, 자신의 추종자들과 당파를 만들어낸다. 그리고 재산과 각종 특혜는 절대 권력의 뒤를 신속하게 따라가는 법이다.

높은 지위보다 낮은 지위를 수락한 사람을 신뢰하라

어느 나라든 낮은 지위에서 높은 지위로 올라간 사람보다는 높은 지위에 있다가 낮은 지위를 수락한 사람에게 기대와 신뢰를 더 갖는다. 왜냐하면 낮은 지위에서 높은 지위로 올라간 사람은 경험이 적고 미숙하기 때문에, 능력과 인격을 갖춘 조언자들에게 둘러싸여 있지 않은 한, 그의 능력을 신뢰하기가 곤란하기 때문이다.

누구나 마음속에 있는 야심을 피해가기 힘들다

사람들은 야심 때문에 불가피하게 싸운다. 이 야심은 사람들의 마음속에 너무나도 강하게 뿌리내려 있어서 누구나 피해가기 힘들다. 사람들은 누구나 모든 것을 소유하고 싶어 하지만 모든 것을 소유하기란 불가능하다.

소유욕이 소유의 능력보다 항상 더 크기 때문에 사람들은 자기가 가지고 있는 것에 대해서 불만을 품는다. 더 많이 가지고 싶어 하는 사람과 가진 것을 잃지 않으려는 사람 사이에서 증오와 싸움이 발생한다.

사람들은 명예보다 재산을 더 중요시 한다.

사람들은 명예보다도 재산을 훨씬 더 중요시 한다. 그래서 로마의 지도층은 명예에 관한 일에 있어서는 쉽게 일반 서민층에게 양보했다. 하지만 재산과 관련 있는 것은 악착같이 대항해서 싸웠다.

의지력이 약한 지도자는 결단력이 약하다

결단력이 없는 지도자는 강제력을 작용해야 현명한 조치를 취할 수 있다. 그는 의지력이 약해서 의심이 드는 일에 대해서는 결단을 내리지 못한다. 그래서 어떤 강제력이 그 의심을 제거해주어야만 결정을 내린다. 그렇지 않으면 항상 엉거주춤한 상태에서 머물러 있기 때문이다.

독재자는 사회지도층의
야심과 탐욕을 만족시키지 못한다

독재자는 이미 알고 있다. 일반 서민층이 자유를 누리
려는 강한 욕구가 있다는 사실과 사회지도층이 그들을
지배하려는 강한 욕구가 출현한다는 것을 말이다. 그러
나 사회지도층 가운데 일부는 독재자의 지배체제에서
혜택을 보지 못하기 때문에 언제나 그의 적이 된다. 독
재자는 사회지도층의 큰 야심과 탐욕을 모두 만족시켜
줄 만한 재산과 명예를 마련할 길이 없다.

지도자는 다른 사람이 모르게
점진적으로 태도를 바꿔야 한다

처음에는 혜택을 베푸는 것처럼 보이던 지도자가 자
신의 필요성에 따라 태도를 바꿔야 할 경우에는 점진적
으로 태도를 바꿔야 한다. 그런 행동의 변화가 주위 여
건에 따라 어쩔 수 없이 바꾼 것처럼 보여야만 한다. 그
렇게 변해야만 과거의 친구들이 모두 등을 돌리기 전에
새로운 친구들을 얻을 수 있다. 만일 태도가 갑자기 돌
변한다면 그는 모든 친구들을 잃고 자신도 파멸을 초래
한다.

자신의 의도는 상대방에게 숨겨라

상대방을 해치겠다는 의도를 미리 밝힌 후에, 상대방에게 무슨 요구를 하는 것은 어리석은 짓이다. 오히려 자신의 의도를 전혀 드러내지 않은 채, 무슨 수를 써서라도 자신의 목적을 달성해야 한다.

상대방을 죽이려고 하는 경우, 그 의도를 상대방이 조금도 눈치 채지 못하게 한 후에, 그에게 무장 해제를 요구해야 한다. 일단 상대방이 무기를 버리면 그를 마음대로 처리할 수 있다.

법을 만들었으면 지켜라

법을 만들어 놓고도 지키지 않는 것처럼 나라에 해로운 일은 없다. 또 그 법을 만든 사람들이 법을 무시하고 지키지 않는 것은 가장 해로운 일이다.

평온한 질서를 유지하면서 국민들의 신뢰를 얻어라

지도자가 가장 위험한 상태는 국민들이 처벌과 형벌의 고통을 항상 두려워하고 겁에 질린 채로 생활하는 것이다. 자기 목숨이 위험하다는 의구심과 불안에 떨면서 사는 사람들은 자신의 목숨을 위해서라면 어떠한 수단이든 가리지 않는다.

그들은 점점 대담해져서 체제의 급격한 변화를 원하게 된다. 따라서 지도자는 개인을 함부로 공격하거나 처벌하지 말고 평온한 질서를 유지하면서 국민들의 신뢰를 얻는 것이 중요하다.

공공의 이익을 이용하여 사람을 해치지 마라

지도자의 임무 가운데 하나는 그 누구도 공공의 이익을 위한다는 구실로 다른 사람을 해치지 못하게 하고, 영향력을 행사해서 자유를 해치는 것을 감시하는 일이다.

국민들의 판단을 절대로 무시하지 말라

국민 대다수가 포괄적인 문제에 관해서는 그릇된 판단을 내리기 쉽지만 구체적인 사항에 관해서는 그렇지 않다. 그들이 사태를 제대로 파악하게 만드는 가장 빠른 길은 구체적인 문제에 관해서 생각하도록 하는 것이다. 현명한 지도자라면 명예와 지위의 분배 등 구체적인 사항에 관한 국민들의 판단을 절대로 무시해서는 안 된다.

국민의 자유를 유지하려면 새로운 법을 만들어라

국민의 자유를 유지하는데 필요한 법을 모두 마련하기란 매우 어려운 일이다. 새로운 상황이 전개되면 또 새로운 법이 필요하기 때문이다.

식민지 국가에서는 새로운 체제 구축이 힘들다

식민지 국가에서는 자유와 질서를 확보하기 위한 새로운 체제를 구축하기가 어려울 뿐만 아니라 사실상 불가능하다.

지도자는 주위 여건을
최대한 활용해서 조치를 취하라

현명한 지도자는 주위 여건을 최대한으로 활용해서 조치를 취한다. 만약 불가피한 조치를 내릴 경우에는 자신이 관용을 베풀어서 조치하는 것처럼 보이게 한다.

장애와 위험을 미리 생각하고 조치를 취하라

어떠한 조치를 취하려고 할 경우, 거기에 따르는 장애
와 위험을 미리 잘 생각해야 한다. 기대하는 이익보다
극복해야 할 위험이 더 큰 경우에는 이미 내린 명령이라
하더라도 취소해야 한다.

국민들이 흔들리면 나라 전체가 위태로워진다

국민이란 가상적이고 비현실적인 이익에 눈이 멀어서
자신의 파멸을 초래하는 조치를 원하는 경우가 많다. 만
약 그들에게 신망이 있는 지도자가 조치의 피해와 다른
조치를 비교해서 깨우쳐주지 않는 한, 그들은 나라 전체
를 중대한 위기로 몰아가고 엄청난 피해를 끼칠 것이다.

위엄을 지닌 지도자는 흥분된 군중을 진정시킨다

흥분한 군중을 진정시키는 가장 좋은 수단이 있다. 그것은 단호하고 위엄을 갖춘 고위층 인물이 군중의 주장에 반대하면서도 군중의 마음속으로 들어가, 지도자를 존경하고 두려움을 갖게 만드는 것이다.

그리하여 지도자는 폭동이 일어나면, 군중 앞에 나타나 위엄을 드러내고 존경심과 두려움을 심어주어야 한다. 결국 군중은 대단한 위엄을 지니고 모두가 존경을 받는 인물이 나타나면 흥분한 군중도 진정되기 때문이다.

부패한 나라에서 좋은 결과를 기대하지 마라

지도자와 국민이 정직하지 못한 나라에서는 좋은 결과를 전혀 기대할 수 없다. 부패한 나라에서 좋은 결과를 기대한다는 것은 아무 소용이 없다.

중요한 사건이 일어날 때에는 어떠한 조짐이 있다

모든 중요한 사건들이 일어나기 전에는 반드시 점쟁이들, 계시, 조짐 또는 천체의 이변 등에 사건을 미리 예고하는 부분이 있다. 그것을 설명하려면 자연계와 초자연계에 관한 지식이 필요하겠지만 나는 그런 지식이 없다.

일부 철학자들이 주장하는 대로 공중에는 미래를 내다보는 정령들이 살고 있는지도 모른다. 어쨌든 조짐이 드러난 뒤에는 반드시 중대한 사건이 일어났다.

동맹이란 이해관계에 따라 깨진다

동맹이란 이해관계에 따라 깨지게 마련이다. 군주보다는 공화국이 동맹관계를 한층 더 충실히 지킨다. 군주는 자기에게 조금만 이익이 돌아와도 동맹을 깨지만, 공화국은 아무리 큰 이익으로 유혹해도 동맹을 지킨다.

군중은 무리지어 있을 때 용감하다

군중은 무리지어 있을 때에는 용감하지만 무리를 이루는 개인은 허약하고 비겁하다. 그들이 단체로 지도자의 결정에 반대할 때는 대담하고 목소리가 크지만, 개별적으로 처벌을 받게 될 때는 자기들끼리 서로 불신하고 지도자에게 앞을 다투어 복종한다.

오합지졸이 모인 군중은 그들을 대표할 인물이 없는 경우에 가장 난폭하고, 가장 허약하며 가장 비겁하다. 그들이 무장을 하고 있다고 해도 지도자는 일단 몸을 안전하게 피신한 후에 그들을 쉽게 진압할 수 있다. 그들은 각자 집에 돌아간 후에 자신의 안전을 염려하고 서로 불신하게 되어 뿔뿔이 도망치거나 지도자에게 복종하기 때문이다.

따라서 이러한 군중은 재빨리 대표자를 뽑아서 그에게 지휘권을 맡겨야 한다. 단결된 군중은 용감하고 도도하지만, 개별적으로 흩어지면 각자의 위험을 염려해서 비겁하고 허약해지는 것이다.

군중은 불안정하고 일관성이 없다

로마의 역사가 티투스 리비우스는 "군중처럼 불안정하고 일관성이 없는 것이 없다."고 말했다. 군중이 어떤 인물을 사형에 처하고 난 다음에 자신들의 조치를 심하게 후회한 경우가 많았기 때문이다.

지도자들도 이러한 잘못을 저지른다. 왜냐하면 법의 통제를 받지 않은 사람은 누구나 제멋대로 구는 군중과 똑같이 잘못을 저지르기 때문이다.

법을 지키지 않은 지도자는 미치광이다

법을 완전히 무시하고 제 멋대로 행동하는 지도자는 미치광이와 마찬가지다. 그는 덕망 있는 인물의 충고와 설득에 전혀 귀를 기울이지 않고 나쁜 짓만 계속한다. 따라서 그가 나쁜 짓을 못하도록 바로잡는 길은 싸늘한 칼밖에는 없다.

국민의 목소리는 신의 목소리다.

"국민의 목소리는 신의 목소리"라는 격언이 있다. 국민은 군주보다 배은망덕의 정도가 덜하다. 국민은 군주보다 한층 더 현명하고 일관성이 있으며, 현명한 판단도 더욱 잘 한다. 유능한 관리를 선출하는데 있어서도 국민이 군주보다 더 낫다. 군주는 부패하고 불명예스러운 인물을 중요한 직책에 앉히는 경우가 많지만 국민은 절대로 그런 짓을 하지 않는다.

국민들이 스스로를 다스리는 나라에서는 군주가 다스리는 나라보다 훨씬 짧은 기간에 훨씬 더 많은 진보를 이룩했다. 따라서 국민이 선출한 통치조직은 군주의 통치조직보다 우수하다.

7장
권력 통치론
Ruling by Power

법을 무시하는 권력자를
바로 잡는 길은 칼밖에 없다.

힘든 일을 시킬 때는 보상을 약속하라

사람들에게 힘든 일을 시키거나 시련을 참게 만들기 위해서는 거기에 상응하는 보상을 약속해야 한다. 그러한 보상에 대한 희망도 주지 않는다면 그것은 위험한 일이다.

젊고 재능이 뛰어난 자를 발탁하라

젊은 청년이 탁월한 공적을 세웠는데도 불구하고 오로지 그가 젊다는 이유만으로 노련한 경험과 지혜가 필요한 직책을 맡기지 않는다면, 그것은 나라에 큰 손해다. 왜냐하면 그는 자신의 뛰어난 재능을 발휘하여 나라에 공헌할 기회를 잃게 되고, 나이가 많을 때까지 기다리다 보면 투철한 정신력과 왕성한 활동력이 소진되기 때문이다.

역사에는 과장법이 숨겨져 있다

타당한 근거도 없이 지나간 시대를 칭송하고 현재 시대를 비난하는 것은 옳지 않다. 사람들이 무작정 과거를 칭송하는 것은 과거의 사실을 있는 그대로 전부 알지 못하기 때문이다. 역사가들이 자기 시대에 수치스러운 일들은 숨기고, 자랑스러운 일들은 과장하는 경우가 많다.

사람들이 과거를 무작정 칭송하는 또 다른 이유가 있다. 그것은 사람들이 두려움이나 시기심 때문에 어떤 것을 미워하거나 혐오하는데, 이럴 경우 과거의 사실은 두려움이나 시기심을 전혀 일으키지 않는다. 반면, 현재의 사실은 경우가 달라서 사람들은 주인공 혹은 관람자가 되기도 할 뿐만 아니라 여러 가지 사실을 잘 알고 있다.

예술의 명성은 변하지 않는다

예술은 그 내재적 가치 때문에 명성을 얻는다. 따라서 예술의 명성은 아무리 시간이 흘러도 인위적으로 증가 또는 감소시킬 수 없다.

부패한 권력자는 국민들의 존경을 얻기 힘들다

종교, 법률, 군대의 기강이 무너져서 잔혹한 행위가 판치는 시대는 너무나 비참하고 수치스러우며 극도로 타락한 시대다. 더욱이 모든 권력을 쥔 재판관들이 부패하고 비행을 멋대로 저지르면서도 국민들의 존경을 요구하는 것은 참으로 가증스러운 일이다.

179

인간의 무한한 욕망은 끝이 없다

사람의 본성은 모든 것을 소유하고 모든 행동을 자기 마음대로 하고 싶어 한다. 그러나 운명은 각자의 재산과 행동의 자유를 제한한다. 결국 인간의 욕망은 무한하지만 그것을 채우기란 불가능하다. 따라서 사람은 항상 마음속에 불만을 품게 되고 자기가 소유하고 있는 것에 대해 만족하지 못한다.

180

훌륭한 업적이 아니더라도
유능한 인재는 가르칠 수 있다

시대를 잘못 만나고 불운한 여건 때문에 훌륭한 업적을 남기지 못한 사람이라 해도, 그가 정직하다면 그런 훌륭한 일들에 관해서 다른 사람들을 가르칠 의무가 있다. 이것은 그의 가르침을 받은 유능한 인재들 가운데 일부는 그보다 더 큰 행운을 타고나서, 그가 가르친 훌륭한 일들을 할 수도 있기 때문이다.

영토 확장의 유지는
통치의 지혜와 통치조직의 우수성이다

　많은 역사가들, 특히 플루타르코스는 로마가 거대한
제국으로 발전한 것이 국민들의 능력보다는 행운의 덕
이 크다고 말했다. 로마의 역사가 타치투스 리비우스도
그 말에 공감했지만 나는 그렇게 생각하지 않는다.

　로마는 그 어떠한 나라보다도 조직이 훨씬 우수했다.
다른 나라들을 정복한 것은 용감한 로마 군대이지만, 확
장된 영토를 계속해서 유지한 것은 통치의 지혜와 통치
조직의 우수성이다. 물론 로마가 동시에 두 가지 중대한
전쟁을 치르지 않았다는 것은 로마인들의 지혜 때문이
아니라 행운의 덕분이다.

지도자는 승리할 확률이 있으면 전쟁을 한다

　주변 세력들이 모두 두려워할 정도로 강력해진 군주나 민족은 승산이 있다고 보이면 자신이 원하는 대로 선별해서 이웃 나라와 전쟁을 한다. 한편, 다른 세력들이 개입하지 못하도록 교묘하게 조종할 수도 있다. 다른 세력들은 그의 힘을 두려워하거나 그가 사용하는 교묘한 수단에 속아서 개입하지 못한다.

어떤 나라든 자유를 몹시 사랑한다

　로마에서 멀리 떨어진 나라들은 자유를 몹시 사랑했고, 그 자유를 지키기 위해 있는 힘을 다해서 싸웠다. 그래서 오로지 로마인들의 탁월한 용기만이 그들을 굴복시킬 수 있었다.

독재자는 국가의 이익을 개인의 이익으로 돌린다

개인의 번영이 아니라 전체의 이익이 확보되어야만 공화국의 세력은 강해진다. 공화국에서는 극소수에게 해롭다 해도 대다수에게 이익이 된다면 어떠한 조치라도 항상 취할 수 있다.

그러나 군주가 다스리는 경우, 그는 항상 자신의 이익을 대다수 국민의 이익보다 먼저 도모하고 독재자로 쉽게 변신한다. 그리고 영토를 확장한다 해도 나라 전체의 이익이 아니라 독재자 자신의 이익이 될 뿐이다. 따라서 과거에 사람들이 독재를 증오하고 자유를 사랑한 것은 당연한 일이다.

사람들은 자유를 위협받아 잃으면
복수할 준비를 한다

과거에는 사람들이 자신의 자유를 빼앗아간 사람에 대해서 무슨 수를 써서라도 가장 가혹하게 복수했다. 그들은 자유가 위협을 받을 때보다는 실제로 자유를 잃었을 때 더 많은 노력을 복수에 기울였다. 그리고 오늘날보다는 과거에 사람들이 자유를 한층 더 소중하게 여겼다.

그리스도교와 이교도의 가르침은 다르다

그리스도교는 진리를 가르치고 올바른 삶의 길을 가르치기 때문에 현세의 명예와 재물에 대해 그다지 가치를 두지 않는다. 그러나 과거의 이교도들은 현세의 명예와 재물에 대해 가장 높은 가치를 부여했기 때문에 한층 더 정력적이고 용맹하게 행동했다.

그리스도교는 행동하는 인물보다는 겸손하고 명상적인 인물을 더 높이 칭송한다. 그러나 이교도들은 오로지 위대한 명성을 얻은 사람들만 신격화했다.

그리스도교는 겸손함, 비천함, 세속에 대한 경멸에 최고의 행복이 있다고 가르친다. 그러나 이교도들은 정신의 위대성, 육체의 힘, 그리고 다른 사람에게 두려움을 일으키는 모든 기질에 최고의 가치를 부여했다.

영혼의 숭고함을 강조하는 것은 나약함을 조장한다

그리스도교가 영혼의 숭고함을 강조한다면, 그것은 사람들이 위대한 업적을 달성하도록 만들기는커녕 오히려 더 많은 고통을 당하게 만드는 것이다. 그리스도교의 가르침은 사람들을 나약하게 만들어 그들이 사악한 사람들에게 쉽게 피해를 받게 하는 것이다. 대부분의 사람들이 천국에 들어가고 싶은 마음으로 복수보다는 피해를 감수하려고 하기 때문에 사악한 사람들은 그들을 한층 손쉽게 지배할 수 있다.

물론 이것은 사람들에게 강인함과 능력의 향상을 장려하기보다는 나태함을 조장하는 방향으로 성경을 잘못 해석한 사람들의 저열한 기질에도 그 원인이 있다.

인구가 적으면 나라는 강해질 수 없다

국민들이 자유를 누리는 나라만이 크게 발전할 수 있다. 그곳에서는 인구뿐만 아니라 개인과 나라 전체의 재산이 빨리 증가하고 산업과 예술이 발전한다. 인구가 적으면 나라는 강력해 질 수 없다.

종교에 관한 문헌과 기록은 말살되지 않는다

새로운 종교가 일어나면 제일 먼저 하는 일은 과거 또는 기존의 종교에 관한 기록을 말살하는 것이다. 그 종교의 공식용어가 다른 외국어라면 기록의 말살은 더욱 쉽게 이루어진다.

그리스도교가 확립되었을 때에도 과거의 종교에 관한 문헌과 기록을 말살했지만 공식용어가 예전과 같이 라틴어였기 때문에 완전히 말살하지 못했다. 지난 6천년 동안 종교가 두세 번 바뀌어서 6천년 이전의 모든 기록이 없어지고 말았다.

재앙은 지나친 포화상태가 만들어낸다.

개별적인 생물체든 대자연이든 불필요한 요소들이 축적되면 그 자신의 건강을 유지하기 위해 그러한 요소들을 배출해 버린다. 인류의 경우도 마찬가지이다. 즉 인구가 지나치게 많아져서 포화상태가 되고 사람들이 극도로 교활하고 사악해지면 전염병, 기근, 홍수 등 자연재앙이 닥쳐서 불필요한 인구를 없애버린다.

전쟁은 단기간 내에 격렬하게 치러야 한다

정복자는 전쟁 비용을 지나치게 많이 쓰지 않도록 조심해야 하고, 무슨 일에든 나라 전체의 이익을 항상 생각해야 한다. 그는 "전쟁은 단기간 내에 격렬하게 치러야 한다."는 로마인들의 원칙을 본받아야 한다. 로마인들은 원정을 6일 또는 10일, 길어야 20일에 끝냈던 것이다.

정복자는 정복 자체로 만족한다

군주가 영토를 넓히려는 야망 때문에 일으키는 전쟁은 위험한 것이지만, 정복된 땅에서 모든 주민을 몰아내는 식의 극단적인 결과는 만들지 않는다. 정복자는 정복 자체로 만족하기 때문이다.

그러나 기근이나 전쟁에 밀려서 모든 주민이 자기 땅을 떠나 다른 나라로 침입하는 전쟁은 가장 무시무시하고 잔혹하다. 그들은 모든 사람을 내쫓고 그곳을 자기들이 차지하려고 하기 때문이다. 그래서 전쟁의 양쪽 세력은 생존을 위해 싸운다.

승산이 적은 전투라도 도주하지 마라

적과 맞붙어 전투를 할 것인가, 아니면 도주할 것인가. 두 가지 가운데 하나를 선택해야 하는 상황에 처한다면 현명한 장군은 전투를 택한다. 아무리 승산이 적어도 전투를 하면 승리의 가능성이 있지만, 도주를 하면 그 순간부터 패배자가 되기 때문이다.

황금만으로는 훌륭한 군대를 만들 수 없다

누구나 전쟁을 마음대로 일으킬 수는 있겠지만 자기 마음대로 끝내지는 못한다. 따라서 군주는 전쟁을 개시하기 전에 자신의 군사력, 자금, 내부 정세, 국민들의 지지도 등을 미리 잘 계산해야 한다.

용감하게 방어하는 군대가 없다면 아무리 높은 산이나 넓은 호수, 험준한 요새도 적을 막을 수 없다. 또한 돈만 가지고 적을 막을 수도 없다. 돈이 많으면 많을수록 적에게 약탈될 위험이 더 크다. 풍부한 자금이 전쟁능력의 핵심이라는 말처럼 허무맹랑한 것은 없다. 풍부한 자금에만 의존하는 군주는 어리석다.

그리스의 솔론(아테네의 정치가, 시인)은 "전쟁은 황금이 아니라 강철로 이루어진 것이고, 강철을 더 많이 가진 자가 강철을 적게 가진 자의 황금을 뺏어간다."고 말했다.

전쟁능력의 핵심은 황금이 아니라 훌륭한 군대이다. 황금만으로는 훌륭한 군대를 만들지 못하지만 훌륭한 군대는 항상 황금을 만들어낸다.

195

전쟁할 때 자금이란 이차적 문제다

전쟁에는 물론 자금이 필요하다. 그러나 자금은 이차적인 요소이다. 로마의 역사가 티투스 리비우스는 전쟁에서 승리하는데 반드시 필요한 것은 대규모의 훌륭한 군대와 현명한 지휘관과 행운이라고 말했다. 그는 자금에 대해 언급도 하지 않았다.

196

동맹은 지리적으로 실질적인 도움을 받을 수 있는 나라와 맺어라

내분이나 지리적으로 너무 멀리 떨어져 있어서 적절한 시기에 지원군을 보낼 수가 없는 군주와 동맹을 맺는다면, 명성이 높아질지는 몰라도 실질적인 도움을 받을 수 없다.

다른 사람을 방어하기보다 자신을 먼저 방어하라

자기 자신마저 방어할 힘조차 없는 사람들이 자기 세력을 과신하여 다른 사람들을 방어하기 위해 전쟁에 뛰어드는 것은 어리석다.

전쟁은 그때그때 상황에 맞게 판단하라

적이 자기 영토에 들어올 때까지 기다렸다가 공격하는 것이 좋은지, 아니면 적의 영토로 쳐들어가는 것이 좋은지는 그때그때의 상황에 따라 판단해야 한다.

높은 지위는 강제력과 속임수로 얻어진다

상속이나 선물로 받는 경우가 아닌 한, 높은 지위란 강제력이나 속임수가 아니면 좀처럼 얻을 수가 없다. 교활한 수단으로 지위를 얻을 수는 있지만 강제력만 가지고는 충분하지 않다. 강제력만 가지고 성공한 경우는 극소수이지만, 속임수만 가지고 성공한 경우는 많다.

로마인들도 초기에 세력을 확장하기 위해 속임수를 썼다. 자신의 세력을 최대한으로 확대시키려는 사람은 속임수를 반드시 사용해야 한다. 그리고 속임수를 드러내지 않고 감춰두면 둘수록 그 효과가 커진다.

오만한 사람에게 겸손은 해롭다

겸손한 태도는 보기에는 좋지만 아무런 효과를 얻지 못한다. 오히려 매우 해로운 경우가 많다. 특히 질투나 다른 이유 때문에 자신을 증오하는 오만한 사람에게 겸손한 태도를 보이면 더욱 해롭다.

적의 세력을 두려워하여 전쟁을 피하지는 마라

군주가 적의 세력을 두려워하여 전쟁을 피할 목적으로 어떤 것을 양보한다면, 그는 전쟁마저도 피하지 못하게 된다. 그가 한 가지를 양보한다고 해서 적이 만족할리가 없다. 적은 더 많은 것을 요구할 것이고, 더욱더 군주를 깔보고 한층 더 오만해질 것이다. 한편 군주의 우호세력들은 나약하고 비겁한 꼴을 보고 위축된다.

그러나 비록 열세이기는 해도 그가 방어태세를 굳힌다면, 적은 그를 존중하고 주위의 우호세력들도 그를 지원할 것이다. 물론 적이 하나가 아니라 여럿인 경우에는 자신이 소유한 것의 일부를 양보하는 것이 현명한 조치이다.

때를 놓친 결정은
결정하지 못한 상태와 똑같이 해롭다

우유부단해서 망설이기만 하는 사람은, 앞으로 필요한
조치를 제대로 설명할 수 없다. 그러나 일단 결심을 굳히
고 내린 뒤에는 필요한 조치에 관한 설명이 매우 쉽다.

때를 놓친 결정은 결정을 내리지 못한 상태와 똑같이
해롭다. 특히 동맹세력을 돕는 문제에 관한 결정이 늦어
진다면 더욱 해롭다. 때 늦은 결정은 아무에게도 도움이
되지 않을 뿐만 아니라 결정하는 사람 자신을 해친다.

이것은 결정을 내려야 할 사람이 용기가 부족하거나
세력이 약해서, 나라 전체의 이익보다는 개인의 이익을
우선해서는 안 된다. 결정하는 인물은 시급한 상황에서
대다수가 그 의견에 반대하더라도 결정을 미루어서는
안 된다.

8장
군사 작전론
Military Strategy

군사력을 강화시키지 않은 채 영토를 확장하면
스스로 파멸을 불러들인다.

군대 전체의 용맹성과 강인함을 키워라

오늘날의 군대는 로마 군사보다 그 용맹성이 떨어진다. 이것은 대포가 도입된 탓이 아니라 오늘날의 군대 기강이 형편없고 나약하기 때문이다. 군대 전체의 용기와 강인함이 부족하다면 부대도 역시 용기와 강인함을 보여줄 수 없는 노릇이다.

용감한 적군 앞에서는 대포도 쓸모없다

대포는 군사들이 로마인들처럼 용감한 경우에만 도움이 된다. 그렇지 못하면 아무 소용이 없다. 특히 용감한 적군 앞에서는 대포도 쓸모없다.

훈련된 보병은 기병대를 무너뜨린다

로마인들은 기병보다 보병을 더욱 중요시했다. 모든 작전 계획은 보병을 중심으로 세웠다. 훈련된 보병은 기병대를 쉽게 무너뜨릴 수 있지만, 기병대가 훈련된 보병의 대열을 무너뜨리기는 매우 어렵다.

군대에는 기병도 역시 필요하다. 그것은 정찰, 넓은 지역의 확보, 추격, 적의 기병대의 견제 등에 필요하다.

이탈리아의 군주들은 보병을 무시하고 기병에 전적으로 의존했기 때문에 이탈리아를 외국세력의 노예로 만들었다. 이것이야말로 그들의 가장 큰 잘못이다.

전쟁의 손실이 크면 승리 후에도 강해질 수 없다

자신의 군사력을 강화시키지 않은 채 영토를 확장하면 그것은 파멸을 스스로 불러들이는 것이다. 과도한 비용으로 전쟁을 해서 재력을 탕진한다면, 비록 승리를 거둔다 해도 그는 세력이 강해질 수 없다. 왜냐하면 승리로 얻은 것보다는 전쟁에 투입한 비용이 더 크기 때문이다.

쾌락을 즐기는 군대는 적에게 패배한다

쾌락에만 몰두하고 군사훈련에 무관심한 사람들이 사는 도시는 그곳을 점령한 군대에 대해서 전혀 싸우지도 않고 피도 흘리지 않은 채 복수한다. 그들은 부패한 관습과 생활태도를 점령군에게 가르쳐주어서 점령군이 새로운 적에게 쉽게 패배하도록 만들기 때문이다.

그래서 로마의 시인 유베날리스는 "점령당한 곳이 먹고 마시는 것만 좋아하고, 사치를 부리는 풍습이 정복자에게 복수한다."고 말했다.

부패한 나라에서는 훌륭한 인재들이 미움을 받는다

부패한 나라에서는 탁월한 인재들이 다른 사람들의 시기심 또는 야심 때문에 미움을 받는다. 특히 평화로운 시기에는 이러한 경향이 강하다. 그래서 나라 전체의 이익을 증진시키기보다는 대중의 인기를 더 좋아하는 사람들의 주장이 판을 친다.

그러나 위기가 닥치면 허위가 드러나고 사람들은 평소에 자기들이 무시하던 그 인물에게 달려가서 도움을 요청한다.

지원군의 위험보다 적과의 협정 조건이 더 낫다

적과 맺은 협정 조건이 아무리 가혹한 것이라 해도, 그것은 외국의 지원군이 초래하는 위험에 비하면 훨씬 더 낫다. 지원군이란 통제가 불가능하고 적과 마찬가지로 약탈하며 언제든지 배신하기 때문이다.

군주는 범죄자를 반드시 처벌하라

군주의 명예는 범죄자를 처벌하고, 그 처벌의 시기와 방법을 알고 있어야만 지켜진다. 범죄자들을 처벌하지 못한 군주는 어리석거나 비겁한 군주로 여겨진다.

군주는 본보기를 보이기 위해, 그리고 자신의 안전을 확보하기 위해서는 반기를 든 개인을 처형하거나 도시 전체를 파괴해야 할 때가 있다.

야심에 눈 먼 사람은 자신의 야욕만을 채운다

야심에 눈 먼 사람은 당장 자신의 야욕을 채우는 일에만 몰두한다. 그는 자신의 행동이 곧 초래할 재앙에 대해서는 전혀 고려하지 않고 과거의 전례를 참고하지도 않는다.

노예 취급을 받은 사람에게
선의와 충성을 기대할 수 없다

노예 취급을 받는 사람들로부터 선의와 충성을 기대할 수 없다. 자발적으로 평화를 유지하는 경우라면 어떠한 평화 제의도 신뢰할 수 없다. 무엇보다도 자유를 가장 소중하게 여기는 사람들이라면 그들은 로마 시민이 될 자격이 있다.

자유로운 통치체제의 강력한 도시는
완전히 자기편으로 만들어라

자유로운 통치체제를 유지해 온 강력한 도시들에 대해서는 철저히 파괴하거나, 아니면 막대한 혜택을 베풀어서 완전히 자기편으로 만들어야 한다. 다른 방법은 아무런 소용이 없다. 특히 이것도 저것도 아닌 절충안은 가장 해로운 것이기 때문에 피하는 것이 옳다.

요새를 구축하는 것은 불필요하다

요새의 구축은 불필요할 뿐만 아니라 대단히 해로운 짓이다. 요새를 구축하고 나면 군주는 국민들에게 한층 더 오만한 태도를 취하고 더욱 가혹하게 군다. 그리고 요새는 군주가 원하는 안전도 확보해 주지 못한다.

훌륭하고 현명한 군주가 명성을 유지하고 싶다면, 그리고 자신의 후계자들이 압제자로 변모할 기회를 주지 않으려면, 절대로 요새를 구축해서는 안 된다. 그는 후계자들이 요새에 의존하는 것이 아니라 국민들의 자발적인 지지에 의존하도록 만드는 것이다.

훌륭한 군대가 없는 요새는 아무 소용없다

점령된 지역에 요새를 구축하는 것도 불필요하다. 로마인들은 기존의 요새들을 파괴하고 새로운 요새를 만들지 않았다.

훌륭한 군대를 가진 경우에는 외적의 침입에 자신을 방어하기 위한 요새가 필요하지 않다. 요새가 없어도 훌륭한 군대는 충분히 방어할 것이다. 훌륭한 군대가 없는 요새는 아무 소용이 없다.

스파르타인은 아테네의 웅장한 성벽을 자랑하는 아테네 사람에게 "저 도시에는 여자들만 사는 모양이군." 이라고 말했다.

공화국 사람들이 분열하는 것은
무기력과 나태 때문이다.

공화국 사람들이 분열하는 것은 그들이 무기력하고
나태해졌기 때문이다. 적의 세력에 대해 두려워하거나
전쟁이 터지면 그들은 단결한다.

공화국 사람들이 분열한 경우, 그들을 지배하기를 원
하는 군주는 평화적인 수법을 동원해서 그들의 신뢰를
얻어야 한다. 즉 그들이 내전상태가 아니라면 분열된 세
력들을 조정하는 중재자로 나서고, 내전상태인 경우에
는 자신의 군사력을 동원하여 공포심을 일으키지 않은
채, 약한 세력을 지원하여 그들 모두의 힘이 스스로 소모
되도록 한다.

위협이나 욕설은 상대방의 증오를 더욱 부추긴다

다른 사람을 위협하거나 모욕적인 욕설을 하지 않는 사람은 매우 현명하다. 위협이나 욕설은 상대방의 힘을 절대로 감소시키지 못한다. 오히려 상대방을 한층 더 조심하게 만드는 한편, 그에 대한 증오심만 더욱 부채질할 뿐이다. 그리하여 그를 해치기 위해 더욱 끈질기게 노력하게끔 만든다.

따라서 현명한 지도자나 지휘관은 국민들이나 군사들이 자기들끼리, 또는 적에 대해서 이러한 짓을 못하도록 막아야 한다. 사소한 손해를 입어도 모욕적인 비난이나 야유를 서로 주고 받으면 깊은 원한을 품기 때문이다.

승리에 대한 잘못된 기대는
잘못된 말과 행동으로 나타난다

적에게 모욕적인 욕설을 퍼붓는 것은, 일반적으로 승
리의 오만이나 승리에 대한 잘못된 기대 때문이다. 승리
에 대한 잘못된 기대를 품게 되면 말뿐만 아니라 행동도
잘못하는 경우가 많다. 그것은 분별력을 잃어, 말과 행
동의 도를 넘어서 확실한 이익을 버린 채, 불확실한 이익
을 추구하기 때문이다.

그렇듯 사람들은 자신의 기대감 때문에 한계선을 그
을 줄 모른다. 자신의 힘을 정확하게 파악하지 못한 채,
과도하게 욕심을 부리다가 파멸을 자초하고 만다.

지도자는 그 누구도 과소평가해서는 안 된다

국가나 어떤 사람으로부터 대단히 억울한 일을 당했는데도 만족할 만한 시정조치가 취해지지 않는다면, 그는 반드시 자기 손으로 복수할 것이다. 공화국에 사는 경우라면, 그는 설령 공화국의 파멸을 초래하는 일이 있더라도 복수의 기회를 노린다. 그가 군주의 지배를 받는 용감한 인물이라면, 그는 자기 생명을 버리는 한이 있어도 모든 수단을 동원해서 군주에게 복수할 것이다.

나라의 지도자는 누구나 자기 밑에 있는 개인을 보잘 것없는 사람으로 과소평가해서는 안 된다. 상대가 피해를 계속 입히고 또 모욕을 거듭해도, 그가 생명의 위험을 무릅쓰면서까지 복수하지는 않을 거라고 믿어서는 안 된다.

운명의 여신은 능력과 안목을 지닌 인물을 선택한다

운명의 여신이 어떤 인물에게 위대한 업적을 성취시키고 싶을 때는, 자기에게 주어진 기회를 제대로 알아볼 줄 아는 능력과 안목을 지닌 인물을 선택한다. 반면, 운명의 여신이 어떤 나라를 파멸시키려고 할 때는, 그 나라의 파멸에 기여하고 파멸을 촉진시킬 인물을 지도자의 자리에 앉게 한다.

만일 운명의 여신에게 대항할 힘을 지닌 개인이 있다면, 여신은 그를 살해하거나 그가 좋은 일을 할 수 있는 수단을 모두 박탈하고 만다.

인간은 운명의 여신이 하는 계획을
좌절시킬 수 없다

인간은 운명의 여신이 지시하는 것에 동의할 수는 있
어도 거역할 수는 없다. 또 여신의 계획을 실시할 수는
있어도 그 계획을 좌절시킬 수는 없다. 그렇다고 절망할
필요는 없다. 은밀하고 교묘한 방식으로 목적을 추구하
는 운명의 여신의 그 목적을 인간은 알 수 없으니까, 어
떠한 역경이나 불운에 빠진다 해도 우리는 절망하지 말
고 항상 희망을 품고 살아야 한다.

평화는 돈으로 살 수 없다

　로마인들은 돈을 주고 영토를 확장한 일이 절대로 없다. 또한 그들은 돈을 주고 평화를 산 적도 없다. 군대의 힘과 용기로 항상 평화를 확보했을 뿐이다.

　그러나 로마인들이 황제의 지배에 굴복하고 황제들이 부패하기 시작하자 돈을 주고 야만인들로부터 평화를 샀다. 그로 인해 위대한 로마제국의 멸망이 시작되었다.

　돈을 주고 평화를 사는 비겁한 정책은 일시적으로는 평온함을 누리지만, 결국 돌이킬 수 없는 재앙과 파멸이 반드시 찾아오는 법이다.

전쟁에서 반드시 지켜야 하는 곳은 심장부다

국민들이 모두 무장을 해제 당한 경우, 적군이 그 나라에 깊숙이 침투할수록 그들은 그 나라의 허약한 상태를 한층 더 알 수 있다.

반드시 보호하고 지켜야만 하는 것은 팔다리가 아니라 심장과 몸의 핵심부분이다. 팔다리가 없어도 목숨을 유지할 수가 있지만 심장이 없으면 죽음이 불가피하다. 따라서 변두리는 지키면서 심장부는 무방비 상태로 내버려두는 군주는 어리석기 짝이 없다.

운명의 여신은 변덕스럽다

운명의 여신은 사람들이 지혜와 용기를 별로 갖추지 못했을 때, 여신은 자신의 힘을 마음껏 발휘한다. 여신은 변덕스럽기 때문에 그녀의 지배를 받는 나라도 흔들리게 된다. 그러나 과거 역사를 존경하여 나라를 잘 다스릴 수 있는 인물이 등장한다면, 그 나라는 운명의 여신의 지배에서 벗어나고 안정을 찾는다.

군주는 자기 조국에서 추방당한
외국인을 신뢰하지 마라

군주가 자기 조국에서 추방된 외국인들을 신뢰하는
것은 위험하다. 그들의 의견에 따라서 일을 시작하면 비
용만 낭비하거나 군주 자신의 파멸을 초래하는 사업에
휘말리게 된다. 따라서 군주는 그러한 외국인들의 의견
에 따라 일을 시작할 때는 매우 신중하게 처신해야 한
다. 그렇지 않으면 아무런 이익도 얻지 못한 뿐만 아니
라 수치와 심한 피해를 초래하는 경우가 일반적이기 때
문이다.

모든 조직은 혁신이 없으면 오래 존속할 수 없다

지상의 모든 조직은 하늘이 미리 정해준 기간 동안 존속할 뿐이다. 공화국이나 종교조직은 빈번한 자기 혁신 없이는 오래 존속할 수 없다. 그리고 이러한 혁신의 방법은 최초의 원칙으로 돌아가는 것이다.

사람들이 오랜 기간이 지나도 법을 지키게 하라

사람들은 오랜 기간이 지나면 관습을 바꾸고 법을 위반하기 시작한다. 그들에게 처벌을 환기시키고 처벌을 두려워하는 마음을 갖게 해야 한다. 그렇지 않으면 머지 않아 범법자들이 너무 많아져서 그들을 모두 처벌할 수 없는 지경에 이르러 위험을 무릅쓰게 된다.

눈에 보이지 않는 처벌은 두려워하지 않는다

사람들 마음속에서 성 프란체스코(가톨릭 성인, 프란체스코회 창립자)와 성 도미니쿠스(그리스도교의 성인)는 거의 소멸했던 종교심을 다시 불러일으켰다. 그들은 로마교회의 고위 성직자들의 방탕으로 멸망하려던 교회를 구출했다. 그리고 사악한 고위 성직자들에 대한 비난마저도 잘못된 것이고, 그들에게 복종하는 것이 타당하며, 그들에 대한 처벌은 하느님에게 맡겨야 한다는 점을 사람들에게 이해시킬 수 있었다.

그 결과 사악한 고위 성직자들은 지금도 원하는 대로 마음껏 나쁜 짓을 저지르고 있다. 그들은 자기 눈에 보이지도 않고, 자신들도 믿지 않는 그런 처벌을 두려워하지 않기 때문이다.

최초에 보유했던 세력과
명성을 지닌 조직을 회복하라

　인간 사회의 모든 조직에게 가장 필요한 것은 조직이
최초에 보유했던 세력과 명성을 가끔 회복하는 것이다.
또한 외부세력의 개입 없이도 좋은 결과를 초래하도록
훌륭한 법률을 갖추고 위대한 인재들을 확보하는 것이
필요하다.

군주에게 대항할 힘이 없다면 복종하라

　군주의 통치에 대해 불만을 품은 사람들은 시저를 암살한 브루투스(로마의 정치가, 카이사르의 부장)의 전례에서 교훈을 얻어야 한다. 그들은 자신들의 세력을 정확하게 파악해야 하고, 만일 군주를 적으로 선포하여 그와 정면 대결하는데 충분한 힘이 있다고 확신하는 경우, 위험이 가장 적으면서도 가장 명예스러운 방법을 선택해야 한다. 그러나 군주에게 대항할 힘이 부족하다면 군주의 마음에 들기 위해 모든 수단을 동원해야 한다.

9장
군주 통치론

Ruling by a Prince

군주는 자신이 법과 오래된 관습을
무시하는 순간부터 나라를 잃게 된다.

군주와는 항상 중간 거리를 유지하라

군주와 너무 가까이 지내서 그와 함께 멸망하는 일이 없도록 한다. 반면, 군주와 너무 관계가 멀어서 그가 파멸할 때 자신의 이익을 확보하지 못하는 경우가 있어서도 안 된다.

군주와 너무 가깝지도 않고 너무 멀지도 않은 채, 중간 거리에 위치하는 방법이 가장 이상적이다. 하지만 실제로 실천하기에는 불가능하다. 그 위치에 있으면 자신이 위험에 노출되기 때문에 신을 항상 위험에 노출시킨다.

만약 군주가 "나는 명예도 부귀도 싫으니 조용하게 살고 싶다."라고 말한다면, 사람들은 그의 말을 믿지 않을 뿐만 아니라 그가 그렇게 살도록 내버려두지도 않는다.

독재자는 음모자의 공격에서 벗어날 수 없다.

음모를 꾸미는 가장 강력한 동기는 독재자의 손아귀에서 조국을 해방시키려는 열정이다. 독재자는 자기가 찬탈한 지도자의 지위를 자진해서 넘기지 않는 한, 음모자들의 공격에서 자신을 안전하게 보존할 수 없다. 그러나 자진해서 물러난 독재자는 하나도 없다. 그래서 그들 가운데 비참한 운명을 맞지 않은 경우는 희박할 정도로 드물다

군주는 특정인에게 재산 몰수의 피해를 입히지 마라

군주가 어떤 사람들의 재산을 몰수한 경우, 그들이 살아 있는 한 그는 절대로 인정하지 않는다. 모든 군주는 과거에 자기가 입힌 피해가 새로 베푸는 혜택으로 상쇄될 수는 없다. 특히 피해보다 혜택이 적은 경우에는 절대로 그 피해가 잊혀지지 않는다는 사실을 알아야 한다.

군주가 법과 관습을 무시하는 순간부터
나라를 잃는다

군주 자신이 법과 오래된 관습을 무시하는 순간부터 그 나라를 잃기 시작한다. 왜냐하면 사악한 사람들의 지지를 얻는 것보다는 선한 사람들로부터 사랑받는 것이 더 쉽고, 법을 강요하는 것보다는 자신이 법을 지키는 것이 더 쉽기 때문이다.

군주는 과거의 훌륭한 지도자들의 모범을 따르는 것이 가장 효과적이다. 군주가 국민들을 공정하게 다스린다면, 그들은 다른 자유를 추구하지도 원하지도 않는다.

군주는 전쟁보다는 음모 때문에
자신의 목숨과 나라를 잃는다

군주는 전쟁보다는 음모 때문에 자신의 목숨과 나라를 잃는 경우가 많다. 군주를 상대로 전쟁을 벌이려는 사람은 거의 없지만, 군주를 해치려는 음모에 가담하는 사람은 많다.

그러나 음모란 가장 위태롭고 무모한 일이며 가장 어렵고 위험한 것이다. 그러므로 음모를 꾸미는 경우는 많지만 성공하는 경우는 매우 드물다. 따라서 군주는 항상 사람들의 음모를 경계하고 그 밑에 있는 사람들이 음모에 가담하지 않도록 한다.

군주는 사람의 생명을 위협하지 마라

군주가 어떤 사람의 생명을 위협하는 것은 그를 처형하는 것보다 더 위험하다. 죽은 자는 스스로 복수할 수 없고, 대부분의 경우 살아남은 자들도 처형된 자를 땅에 묻고 나면 복수할 생각을 버리게 된다. 그러나 목숨의 위협을 받은 사람은 불가피하게 군주에게 대항하거나, 그렇지 않으면 굴욕을 참아야 하기 때문에 군주에게 가장 위험한 인물이 된다.

음모는 상황이 바뀌면 원래 계획대로 실행하라

갑자기 상황이 바뀌는 바람에 음모를 실행하는 것이 위험해진 경우, 음모를 포기하는 것보다는 원래의 계획대로 실행하는 것이 더 낫다. 물론 이것은 새로운 계획을 세울 시간이 없어서 긴급한 조치가 필요한 경우에 해당한다.

군주는 고위층이 자신을 의존하도록 만들어라

음모를 꾸미는 사람들은 그 나라의 고위층이거나 아니면 군주와 친밀한 관계에 있는 사람들이다. 그들 이외의 사람들은 미친 경우가 아니라면 음모에 가담하지 않는다. 왜냐하면 지위가 낮은 사람들은 군주와 친밀한 관계가 아니기 때문에 성공할 가망성이 희박하다.

자신의 힘이 약하다는 사실을 잘 아는 사람들은 음모를 피한다. 그들은 자신의 생명과 재산이 걸린 위험한 일 앞에서는 제 정신을 차리는 법이다. 군주를 증오한다고 해도 그들은 군주를 저주하고 욕하는 것으로 만족하고, 자기보다 더 세력이 강한 인물이 군주를 없애주기를 원한다. 만일 무모하게 음모를 실행한다면 그 의도는 장하지만 결코 현명하지 않다.

군주는 가까운 인물들을 더욱 경계하라

음모는 군주로부터 과도한 피해를 본 경우뿐만 아니라 과도한 혜택을 받은 경우에도 발생한다. 군주는 자신이 해친 사람보다도 자기 손에서 많은 혜택을 받은 가까운 인물들을 더욱 경계해야 한다. 피해를 본 사람은 군주를 해칠 기회가 매우 적지만, 군주의 혜택을 많이 받은 사람들은 그를 해칠 기회가 얼마든지 있다.

어느 쪽이든 음모의 동기는 똑같다. 즉 혜택을 받은 사람이 권력을 장악하려는 갈망은 피해를 본 사람이 복수하려는 열망과 같다. 따라서 군주는 자기와 가까운 고위층에게 모든 권한을 맡기지 말아야 한다. 그들과 적절한 거리를 두어 그들이 항상 자기에게 어느 정도 의존하도록 만들어야 한다. 그렇지 않으면 군주는 거의 필연적으로 그들의 손에 희생되고 만다.

음모가 발각되지 않으려면
신중함과 행운이 필요하다

음모가 도중에 발각되지 않으려면 극도의 신중함과 엄청난 행운이 필요하다. 많은 사람이 음모에 가담했는데도 그 비밀이 지켜졌다면 그것은 기적과 같다. 여러 명이 가담한 음모는 대부분 발각되기 쉽다. 음모는 배신이나 단순한 추측에서 발각되기 때문에 음모 과정에서 배신자가 나오는 법이다.

사람이란 자기에 대한 다른 사람들의 신뢰와 헌신이 어느 정도인지 잘못 판단하기 쉽다. 이것은 실제로 체험을 통해서만 확인할 수 있는데, 음모의 경우 실제로 체험한다는 것은 극도로 위험하다.

음모는 실행하기 직전까지 음모 내용을 알리지 마라

음모에 가담한 사람들이 절대로 배신하지 못하게 만드는 확실한 방법은 오로지 하나뿐이다. 즉 음모를 실행에 옮기기 직전까지 주동자가 가담자들에게 음모 내용을 알리지 않는 것이다.

만약 불가피한 상황이 발생한다면, 그리고 그때가 음모를 실행하기 직전이라면 단 한 명에게만 음모 내용을 알려주되, 문서가 아닌 말로 전달해야 한다. 그렇게 할 경우 그 가담자가 배신한다 하더라도 그는 음모 사실 자체를 부인해서 위기를 면할 수가 있다.

통치체제가 바뀌면 적에 대한 처형이 뒤따른다

공화국에서 독재체제로 또는 독재체제에서 공화국으로 바뀌듯이, 통치체제가 바뀌면 반드시 적에 대한 무자비한 처형이 뒤따르는 법이다. 이것은 역사의 교훈이다.

검술이 뛰어난 사람도 군주의 위엄에 압도당한다

사람을 살해하는 장면을 많이 보고, 검술이 뛰어나며 굳은 의지력과 용기를 지닌 사람이라 해도, 군주 앞에 서면 그 위엄에 압도당해서 그를 처치하지 못한다. 그렇기 때문에 그러한 일에 경험이 있는 사람들에게만 일을 맡기고, 그 이외에는 아무도 신뢰해서는 안 된다.

용기가 가장 뛰어나다는 명성을 가진 사람도 믿을 수 없다. 용기란 실제 체험으로 입증된 것이라야 중대한 사업에 도움이 되는 것이다.

두 명을 한번에 음모하는 것은 실패하기 쉽다

한 명을 없애려는 음모는 일반적으로 실패하기 쉽고, 두 명 이상을 없애려는 음모는 한층 더 실패하기가 쉽다. 군주 한 명을 죽이려는 음모가 현명하지 않고 무모하며 성공이 의심스럽다면, 동시에 두 명의 군주를 처치하려는 음모는 미친 짓이다.

따라서 동시에 여러 명을 없애려는 음모는 반드시 피해야 한다. 그런 음모는 음모에 가담한 사람들 자신에게나 나라 전체, 그 누구에게도 절대 도움이 되지 않는다. 오히려 살아남은 독재자가 종전보다 더욱 잔인하고 가혹하게 행동하도록 만들 뿐이다.

음모가 발각되면 가담자들을 즉시 처벌하라

군주의 가장 큰 불운은 그의 목숨을 노리는 음모가 진행되었다는 것이다. 음모는 그에게 죽음이나 불명예를 초래하기 때문이다. 음모가 성공한다면 군주는 피살되지만, 음모가 발각되면 음모에 가담한 자들을 처형시킨다. 이때 사람들은 처형된 자들의 재산이 탐이 나서 군주 자신이 음모를 조작해 낸 것이라고 믿는다.

그러므로 음모를 적발했을 때는 음모에 가담한 자들의 수단과 그 세력을 먼저 정확하게 파악해야 한다. 그들의 세력이 매우 강하고 위협적인 경우에는 그들을 완전히 분쇄할 수 있는 군사력을 모을 때까지는 음모를 알고 있어도 모른 척 해야 한다. 그래서 그들이 음모를 서둘러서 실행에 옮길 필요성을 느끼지 못하게 한다. 그러나 그들의 세력이 약한 경우에는 가능한 한 신속하게 분쇄시켜야 한다.

마음이 불안한 사람은
남들이 자기를 욕한다고 생각한다

떳떳하지 못하고 마음이 불안한 사람은 다른 사람들이
모두 자기에 관해서 수군거린다고 생각하기가 십상이다.
바로 이 점을 누구나 소홀히 해서는 안 된다.

시대의 대세에 잘 적응하는 사람은 성공한다

부패한 공화국에서 명성을 얻는 방법은, 건전하고 정
직한 공화국에서 명성을 얻는 방법과 전혀 다르다. 사람
은 누구나 자기가 처한 시대 상황을 잘 고려하고, 그 시
대에 순응해서 행동해야 한다. 시대의 조류를 잘못 판단
하거나 선천적 기질에 따라 행동하는 사람은 실패하고,
시대의 대세에 잘 적응하는 사람은 성공한다.

자유를 열망하는 국민들을 독재하기는 힘들다

자유를 누리는 나라가 독재체제로 전환되기 위해서는, 그 국민들이 여러 대에 걸쳐서 점진적으로 이미 부패한 경우에만 가능하다. 어떠한 나라든 훌륭한 모범에 따라 자주 쇄신되고 초창기의 훌륭한 법질서를 회복하지 않는 한 필연적으로 부패하게 마련이다.

자유를 열망하는 국민을 고분고분하게 만들기 어려운 것처럼 노예처럼 살기를 원하는 국민을 자유로운 사람들로 만들기도 역시 어렵다.

공화국이 군주국보다 더 빨리
시대변화에 잘 적응한다

공화국은 군주국보다 한층 더 활력 넘치고 지속적인
성공을 더 많이 거두었다. 공화국은 다양한 성격과 능력
의 탁월한 인물들을 많이 배출하고, 그들을 통해서 언제
나 시대 변화에 잘 적응하지만 군주는 그렇지 못하기 때
문이다.

자신이 지닌 일정한 행동양식을 바꾸기는 힘들다

　일정한 행동양식을 가지고 있는 사람은 그 행동양식을 바꾸려고 하지 않는다. 만약 그의 행동양식이 시대에 맞지 않으면, 그는 필연적으로 파멸하게 된다.

　행동양식을 바꾸지 못하는 이유는 두 가지다. 하나는 개인 성격의 자연적인 경향을 따라야 하기 때문이고, 또 하나는 다른 행동양식으로 성공할 수 있다는 확신이 없기 때문이다.

시대에 따라 통치조직을 바꾸어라

　시대의 변화에 맞추어 통치조직을 바꾸지 않는 나라는 파멸한다. 공화국의 경우에는 이러한 조직 변경이 한층 더 어렵고 느리다. 왜냐하면 나라 전체의 기반을 흔드는 상황이 닥쳐오면 한 개인의 행동양식 변화로는 대처할 수가 없기 때문이다.

적과의 전투는 신중하게 판단하라

자신의 군대가 매우 강력해서 적이 감히 공격해 오지 못하는 경우, 그리고 적이 자기 영토 안에 들어왔지만 근거지를 마련하지 못하고 보급 부족으로 시달릴 때는 적과 전투를 벌이지 않는 것이 유리하다.

그 이외의 경우에는 전투가 불가피하다. 그런데도 전투를 회피한다면 불명예스럽고 위험하다. 자금이 부족하거나 우호세력의 지원이 없어서 자신의 군대를 더는 유지할 수 없는데도 군주가 전투를 회피한다면, 그는 미치광이가 틀림없다.

전투를 계속 연기하면 반드시 패배하지만, 전투를 벌이면 승리할지도 모른다. 또한 패배한다 해도 지휘관은 최소한 명예를 지키도록 노력해야 한다.

사람이 만든 조직은 예측하지 못한 부작용이 있다

사람이 만든 모든 조직은 반드시 크고 작은 결함을 포함하고 있어서 예측하지 못한 부작용을 초래한다. 이러한 부작용을 막기 위해서는 항상 새로운 조치가 필요하다.

연합군의 공격은 지혜와 책략으로 분열시켜라

여러 명의 군주가 연합하여 한 명의 군주를 공격하는 경우, 공격을 당하는 군주가 자신의 용기와 군사력을 총동원해서 최초의 공격을 막아낸 뒤 시간을 끌 수 있다면, 그는 지혜와 책략, 기타 적절한 모든 수단으로 연합군을 분열시키고 승리를 거둘 것이다. 그러나 그렇지 못한 경우에는 중대한 위험에 직면하게 된다.

극도의 곤경에 처했을 때 더 큰 위력이 발휘된다

철학자들은 명성을 얻는 두 가지 고상한 수단인 손과 혀도 사람이 극도의 곤경에 처하지 않으면 그 기능을 완벽하게 발휘하지 못하고, 그의 업적을 최대한으로 위대하게 만들지 못한다고 주장한다.

고대의 지휘관들은 극도의 곤경이 발휘하는 위력을 잘 깨닫고 있었다. 그래서 그들은 패배해서 도주하는 적군에게는 그들이 필사적으로 대항하지 않도록 한쪽에 길을 열어준 반면, 자기 군사들에 대해서는 목숨을 걸고 필사적으로 싸우도록 퇴로를 차단했던 것이다.

일반 국민들은 속임수를 알아채지 못한다

포위된 적의 사기를 떨어뜨리고 그들의 완강한 방어 태세를 약화시키려면, 공격하는 쪽의 군주는 전면적인 사면과 자유를 약속해 주어야 한다.

현명한 사람들은 이러한 속임수를 알아채지만 일반 국민들은 속게 마련이다. 일반 국민이란 당장 눈앞에 보이는 평화에 눈이 멀어서 관용과 자유의 약속 뒤에 숨은 함정을 깨닫지 못한다.

극도의 곤경에 몰려서 하는 전쟁은 정당하다

로마군의 적장 클라우디우스 폰시우스는 어쩔 수 없이 로마군과 대결해야 하는 상황이 되자 이렇게 말했다.

"극도의 곤경에 몰려서 전쟁을 강요당한 사람에게 그 전쟁은 정당한 것이다. 그리고 하늘은 자신의 무기 외에 그 어느 것에도 희망을 걸 데가 없는 사람을 돕는 법이다."

클라우디우스 폰시우스는 극도의 곤경이 발휘하는 위력을 믿고 승리의 희망을 걸었던 것이다.

극도의 궁지에 몰려 있다는 것은 강력한 무기다

패배의 위기에 직면한 로마의 장군 메시우스는 군사들에게 이렇게 외쳤다.

"나를 따르라! 너희 앞에 있는 것은 성벽도 깊은 강물도 아니다. 오로지 너희와 마찬가지로 무장한 적군뿐이다. 양쪽의 용기가 동등하다 해도 너희에게는 극도의 궁지에 몰려 있다는 것이 유리한 조건이다. 극도의 궁지에 몰려 있다는 것은 최후의 가장 강력한 무기인 것이다."

군사 훈련을 시키는 지휘관이 유능한 지휘관이다

무능한 지휘관이 이끄는 훌륭한 군대이든, 무능한 군대를 거느린 훌륭한 지휘관이든, 이는 둘 다 가치가 없는 것이라고 쥴리어스 시저가 말했다.

그러나 군이 어느 한쪽을 선택한다면, 인기에 편승하는 인물을 지휘관으로 삼고 자만심에 젖은 군대보다는, 군사들을 훈련시킬 시간과 무장시킬 능력을 지닌 유능한 지휘관에게 의존하는 것이 훨씬 더 안전하다.

10장

국가 발전론

Development of a State

군주가 국민을 다스릴 때는 온화한 방법보다
가혹한 수단을 사용하는 것이 더 효과적이다.

군기가 빠진 군대는 그 수가 많아도 소용없다

군가는 군대가 질서 있게 전투할 수 있게 만들고 사소한 돌발사태가 중대한 혼란으로 빠지지 않도록 막을 수 있게 한다. 군기가 문란한 군대는 아무리 그 숫자가 많다 해도 전투에서 아무런 소용없는 오합지졸이다.

유능한 장군은 군사들이 자기 직속상관의 명령에만 복종하고, 장교들은 자기 자신의 명령에만 복종하도록 평소에 훈련시킨다.

적에게 쓰는 속임수는 실제인 듯이 실행하라

적에게 속임수를 쓸 경우에는 그것이 허구의 조작이 아니라 실제로 그런 것처럼 보일 때에만 안전하고 유익하다. 그러나 허구의 조작이 탄로 날 가능성이 클 때는 적으로부터 멀리 떨어진 곳에서 속임수를 써야만 시간을 벌 수 있다.

승리를 위해서는 새로운 전술을 사용하라

승리를 얻는 가장 효과적인 수단은 자국 군대의 사기를 높이는 반면, 적군의 기세를 꺾는 새로운 전술을 사용해야 한다.

유능한 장군은 적을 당황하게 만들고 혼란에 빠지게 하는 새로운 전술을 쓰는 한편, 적이 자기에게 적용하려는 전술을 미리 간파해서 그 전술이 아무런 소용도 없게 만들어야 한다.

원정 군대에는 한 명의 지휘관이 효과적이다

단일 부대 또는 포위된 도시 안에 똑같은 권한을 가진 지휘관이 여러 명 있다면 그들은 무용지물이다.

원정군대를 파견할 때에는 유능한 지휘관 두 명보다는 평범한 재능의 지휘관 한 명에게 군대 지휘를 맡기는 것이 훨씬 더 효과적이다.

평화로운 나라에서는
비범한 인재들이 항상 무시당한다

　모든 것이 평화롭고 순조로운 공화국에서는 비범한 능력을 가진 인재들이 항상 무시당한다. 많은 사람들이 인재들의 재능과 덕성으로 얻는 명성을 시기하고, 인재들과 대등해지거나 보다 높은 자리에 않으려고 한다. 그들은 자기가 당연히 차지해야 할 높은 지위를 잃은 것에 대해 분개하고, 자기보다 능력 없는 인물과 동등하게 낮은 지위에 대해 더욱 분개한다.

　이 문제의 해결 방법은 두 가지가 있다. 하나는 높은 지위를 탐내는 자들이 자신의 재산과 무능으로 자신뿐만 아니라 다른 사람들도 부패시키지 못하게 막은 것이다. 또 다른 하나는 전쟁에 대한 대비를 항상 철저하게 하여 능력과 명성이 뛰어난 인재들이 항상 필요하게 만드는 것이다.

중대한 직책은 모욕을 받았던 사람에게 맡기지 마라

공화국은 과거에 심한 모욕을 받은 사람에게 중대한 직책이나 임무를 맡겨서는 안 된다. 그는 모욕에 대한 복수를 하기 위해 공화국을 배신할 위험이 크기 때문이다.

영원이 존속되는 공화국을 건설하는 것은 불가능하다. 예측할 수 없는 수천 가지 요인이 작용하여 언제든지 공화국을 파별시킬 수 있기 때문이다.

적의 의도와 계획을 미리 간파하라

장군에게 가장 필요하고 유익한 것은 적의 의도와 계획을 미리 간파하는 것이다. 적의 의도와 계획이 간파하기가 어려우면 어려울수록 그것을 간파한 장군은 더 많은 칭송을 받게 된다.

상대방의 정보를 정확히 아는 쪽이 승리한다

전투가 밤이 깊도록 계속될 때, 승리자는 자기가 패배했다고 여기는 반면, 패배자는 자기가 승리했다고 착각한다. 이와 같이 지도자가 판단을 그르칠 경우 스스로 파멸을 초래하는 행동을 하게 된다.

양쪽 군대가 똑같이 중대한 타격을 받고 극도의 궁지에 몰려 있을 때에는 상대방의 정확한 정보를 얻는 쪽이 승리한다.

국민을 다스리는 방법에는 온화함과 가혹함이 있다

다수의 국민을 다스리는 데는 오만하고 잔혹한 수단 보다는 인간적이고 온화한 방법이 더 효과적이라는 의 견이 있다. 이와 반대로 코르넬리우스 타치투스를 비롯 한 많은 저술가들은 온화한 방법보다는 잔혹한 수단이 더 효과적이라고 주장한다.

로마의 공화국 경우처럼 군주가 국민들과 동등한 신 분일 때는 그가 엄격하고 가혹한 수단으로 그들을 복종 시킬 수 없다. 그러나 군주가 국민을 다스릴 때는 온화 한 방법보다는 가혹한 수단을 사용하는 것이 더 효과적 이다. 다만 군주는 국민들의 증오 대상이 될 정도로 가 혹해서는 안 된다. 국민들로부터 미움을 받지 않으려면 그들의 재산과 생명을 빼앗지 말아야 한다.

폭력보다는 관용으로 사람들을 감복시켜라

폭력과 가혹한 조치보다는 고결한 인격과 관용이 사람들을 감복시키는데 언제나 한층 더 위력을 발휘했다. 아무리 거창한 규모의 군대를 동원해도 함락시킬 수가 없는 지방과 도시들이 고결한 인격과 관용 또는 온화한 행동의 영향을 받아 스스로 항복한 경우도 있었다.

역사는 사람들이 고결한 인격을 갖춘 위대한 인물을 만나기를 진심으로 열망한다고 가르치고 있다. 그러나 한니발(기원전 3세기 아프리카의 군대 카르타고 군의 장군, 정치가)의 경우처럼 이탈리아에서 폭력, 잔인함, 약탈, 배신 등을 자행했는데도 명성과 영광을 얻는 장군들도 있다는 것은 놀라운 일이다. 물론 한니발도 그 잔인함 때문에 참혹한 결말을 보았지만 말이다.

지나치게 온화하면 경멸을 받고,
지나치게 가혹하면 미움을 산다

사람들의 변명이 오래 지속되면 싫증을 느끼고 재난
이 계속되면 지겨워한다. 그래서 변화를 갈망하고 새로
운 것을 환영하는 법이다. 행동의 동기는 대부분 사랑과
두려움에 깊은 영광이 있다. 사람들은 자기가 사랑하는
사람보다는 두려워하는 사람을 더 따르고 그에게 복종
한다.

용기와 능력이 출중한 장군은 지나치게 온화하거나
지나치게 잔혹해서 저지른 잘못에 구애되지 않은 채 명
성을 얻을 수 있다.

그러나 군주는 국민들의 사랑을 받으려고 지나치게
온화하게 처신하면 경멸을 받고, 두려움의 대상이 되려
고 지나치게 가혹하게 굴면 미움을 산다. 사람의 본성이
란 항상 중용의 길을 걷도록 만들지 않는다.

사람들을 복종시키기보다 다스리는 방법을 배워라

다른 사람들을 자기에게 복종시키려면 먼저 그들을 다스리는 방법부터 배워야 한다. 현명한 사람이라면 자신의 세력을 다른 사람의 세력과 비교하여 정확히 파악하는 한편, 자신의 세력이 더 강한 때에만 명령을 내리고 그렇지 못한 때는 명령을 삼가야 한다. 아랫사람들보다 세력이 약하다면 그는 언제든지 타도될 위험을 안고 있는 것이다.

한 지휘관에게 너무 오래 지휘권을 맡기지 마라

로마 공화국이 멸망한 원인은 토지법의 개정을 둘러싼 내분과 특정부대 지휘권을 한 지휘관에게 너무 오래 맡긴 것이다. 로마 공화국이 정복의 속도를 좀 더 늦추었더라면 로마인들의 자유가 더 오래 보존되었을 것이다.

준엄한 명령은 단호한 의지력에서 나온다

준엄한 명령은 단호한 의지에서 나온다. 단호한 의지력을 지니고 명령을 내리는 사람은 온전한 방법으로는 자기 명령이 실시되도록 만들 수 없다. 그러나 단호한 의지력이 없는 사람은 비상사태에서 중요한 명령을 삼가야 한다. 물론 그는 일상적인 사항에 관해서는 자신의 온화한 성격대로 행동해도 무방하다.

지도자는 국민들의 미움을 받지 않도록 노력하라

지도자가 국민들에게 유익하고 유리한 것을 빼앗아간다면, 그는 국민들로부터 미움을 받는다. 또한 지도자가 국민들에게 오만하고 무례하게 행동한다면, 역시 그들의 미움을 받는다. 특히 자유로운 체제에서는 국민들은 그러한 지도자를 증오한다. 지도자가 가장 어리석은 행동은 자신은 아무런 이익을 얻지 못하면서 국민들의 증오를 자초하고 만용을 부리는 것이다.

나라의 내분과 파멸에 영향을 준 이들은 여자이다

여자들은 격심한 내분과 나라를 파멸시킨 원인을 제공했고 통치자들에게 막심한 피해를 입혔다. 아리스토텔레스는 그리스의 독재자들이 파멸한 원인 가운데 가장 중요한 원인은, 그들이 다른 사람들의 아내나 딸들을 강제로 유혹하여 더럽혔다는 점을 들었다. 지도자들은 이 문제를 소홀이 보지 말고 미리 충분한 대책을 세워야 한다.

가난은 지위나 명예를 얻는데
아무런 장애가 되지 않았다

　로마는 건국한지 400년이 지나도록 전반적으로 가난했다. 그것은 빈곤이 지위나 명예를 얻는 데 아무런 장애가 되지 않았기 때문에 사람들은 자신의 재능과 덕성 함양에 노력했다. 그런 체제 아래에서는 재산의 축적이 큰 의미가 없었다.

　로마의 역사가 티투스 리비우스는 "이 세상에서 재산을 가장 소중히 여기는 사람과 재산이 따르지 않으면 명예도 덕성도 필요 없다고 생각하는 사람의 말은 듣지도 말라."는 격언을 남겼다.

　그래서 뛰어난 인재들은 군사적, 공적으로 얻은 명예에만 만족하고 계속해서 가난한 상태에 머물렀고 승리의 이익은 모두 나라에 바쳤다. 그들은 어떠한 왕국이나 공화국도 대수롭지 않게 여겼고 아무것도 두려워하지 않았다. 결국 가난은 부유한 상태보다 훨씬 더 유익한 결과를 초래했다.

강요된 평화는 오래가지 못한다

한 도시의 특권층과 서민층의 대립을 해소하고 질서를 회복하는 방법은 로마인들을 본 받아서 양쪽의 지도자들을 모두 처형하거나, 아니면 그들을 귀양 보내거나, 그들에게 다시는 충돌하지 않겠다는 맹세를 시켜서 화해를 이루는 것이다.

그러나 맹세를 시키고 화해를 이루는 방법은 신뢰성도 적고 효과도 적을 뿐만 아니라 가장 위험한 방법이다. 왜냐하면 처참한 유혈 사태 뒤에 찾아온 강요된 평화는 오래 유지하기 어렵다.

물론 가장 좋은 방법은 양쪽의 지도자들을 처형하고, 그 다음 귀양을 보내는 것이 가장 효과적이다. 그러나 이러한 조치를 취하는 데는 강한 군사력과 용기가 필요하다.

군주의 나약한 교육은 나라를 위태롭게 만든다

군주들이 나약한 교육을 받거나 아예 교육을 제대로 받지 못하면 그들은 나약하고 우유부단하다. 그들은 고대인들의 교훈을 비인간적이라고 여긴다. 물론 이것은 큰 잘못이다.

한 도시가 두 당파로 갈라져서 서로 싸울 때, 군주나 공화국은 양쪽을 다 같이 편들어서 자기 영향력 아래 두는 것은 불가능하다. 사람의 본성이란 상충하는 여러 가지의 의견 가운데 어느 한쪽은 찬성하고, 다른 한쪽은 반대하기 때문이다.

당파의 대립은 국민들을 부패시킨다

국민들을 가장 부패시키는 확실한 길은 여러 당파의 대립을 조장하여 분열시키는 것이다. 각 당파는 지지자들을 확보하기 위해 각종 부패의 수단을 동원한다. 그 결과 두 가지 폐단이 발생한다. 하나는 강한 당파에 휘말려서 자주 바뀌는 정권은 항상 불안정하여 국민들의 지지를 받지 못한다. 또 하나는 당파들이 대립하기 때문에 나라 전체가 분열한다.

이러한 현상은 나라의 지도자가 세력과 의지력이 약해서 임기응변의 편법에만 의존하기 때문에 생기는 것이다. 평온한 시기에는 이것이 때로는 도움이 되지만 위험이 닥치면 그 위험이 즉시 드러나기 마련이다.

특정인에게 특혜를 주는 것은 국민을 부패시킨다

나라에 유익한 것처럼 보이는 행동이 사실은 시기적절하게 제재하지 않으면 나라 전체에 대단히 위험한 경우가 많다. 명성과 세력과 큰 인물들이 없으면 나라가 발전할 수 없다. 그러나 바로 이러한 인물들이 나라를 파멸로 이끄는 경우가 많다.

나라에 크게 공헌한 결과 순수한 동기로 그들이 명성과 세력을 얻었다면 그들은 나라에 유익하다. 그러나 특정인에게 이익을 주거나, 돈을 빌려주거나, 결혼으로 인척 관계를 맺거나, 지도자의 권위에 도전하거나, 자기편으로 만들기 위해 특정인에게 특혜를 주는 식으로 명성과 세력을 얻었다면 그들은 나라에 매우 위험하고 해로운 것이다. 이렇게 특혜 받은 사람들은 국민을 부패시키고 법질서를 무너뜨리기 때문이다.

군주는 국민들이 저지른 잘못에 대해
불평할 자격이 없다

군주는 국민들이 저지른 잘못에 대해 불평할 자격이 없다. 그것은 군주들이 자기 직무에 태만했거나 나쁜 본 보기를 보인 결과에서 생긴 것이기 때문이다.

오늘날 강도짓을 하는 사람이 많은 것은 군주 자신이 평소에 강도처럼 행동했기 때문이다. 군주가 법을 만들 고도 자기부터 지키지 않고, 국민들의 재산을 강탈하기 위해 그 법을 악용한다. 그렇기 때문에 가난해진 국민들 가운데서 강한 자가 약한 자의 재산을 빼앗는 것이다. 이것은 전적으로 군주의 책임이다.

그래서 로렌조 데 메디치(15세기 후반 이탈리아의 최대 정치가, 시인)는 국민들은 항상 군주를 바라보고 있고, 그 들은 군주의 행동을 모방한다고 말했다.

사람들의 시기심은 유능한 인재를 잃게 한다

사람들의 시기심은 유능한 인재를 잃게 한다. 나라에 중대한 문제가 생겨 대처해야 하는 경우에도, 유능한 인재에게 권한을 얻지 못하게 하여 나라에 도움이 되는 것을 막기도 한다. 사람들의 시기심으로 재능이 탁월하고 현명한 사람이 자신의 재능을 발휘하지 못한다면 나라에 크게 공헌할 수가 없다.

그러나 심각한 위기에 직면하여 모든 사람의 목숨이 위태로워진다면 그들은 시기심을 버리고 유능한 인재에게 기꺼이 복종한다. 또한 시기심 때문에 나라의 이익을 해치는 사람들은 처형하거나 자연적인 사망으로 제거할 수 있다. 지도자는 새로운 일을 착수하기 전에 반드시 그들을 제거하기 위해 모든 수단을 동원해야 한다.

모세의 율법을 확립시키기 위해서는 율법에 반대하는 많은 사람들을 죽일 수밖에 없었다. 덕성만으로는 반대파의 시기심을 억누를 수 없고, 그들에게 혜택을 베푼다해도 시기심에서 나오는 악의를 해소시킬 수는 없다. 그러므로 반대파의 시기심을 분쇄할 방법을 모르거나 그렇게 할 힘이 없는 지도자는 반드시 파멸한다.

무질서하고 규율도 모르는 군중을 무장시키지 마라

지도자는 무질서하고 규율도 모르는 군중을 무장시켜서는 안 된다. 도시를 방어할 목적이라 해도 그런 무리를 무장시키는 것은 매우 위험한 일이다. 그는 자신이 선별한 사람들만 무장시킨 다음, 그들이 누구에게 복종하고, 어디에서 모이며, 어디로 가야 하는 지를 가르쳐주어야 한다.

위대한 인물은 어떠한 여건에서도
태도를 바꾸지 않는다

로마의 명장 카밀루스는 "나의 용기는 내가 독재자가 되었다고 해서 증가하지도 않았고 귀향을 갔다고 해서 줄어들지도 않았다" 고 말했다.

참으로 위대한 인물은 어떠한 여건 아래에서도 태도가 변화지 않는다. 카밀루스는 어떠한 상황에서도 뛰어난 용기를 발휘했다. 변덕스러운 운명도 그의 고결한 인격을 해칠 수 없었던 것이다.

행운에 의존하는 사람은 운명의 지배를 받는다

로마의 명장 스피키오(로마의 장군, 정치가)는 "로마인들은 패배해도 용기를 잃지 않고 승리해도 오만해지지 않는다."고 말했다.

행운을 누리면 오만해 지고, 불운이 닥치면 절망하는 것은 평소의 습관과 교육 때문이다. 실속 없고 나약한 교육을 받은 사람들은 행동이 무기력하다. 그렇지만 실질적이고 엄한 교육을 받은 사람들은 세상의 이치를 알고 있기 때문에 행운에도 좀처럼 오만해지지 않고 불운에도 그다지 낙담하지 않는다.

군사들의 투지와 복종이 전쟁의 승패를 다룬다

장군은 전투 현장에서 사방을 돌아다니며 일일이 지휘 할 수는 없다. 군사들의 가슴속에 자신의 불타는 투지를 심어주고, 그들이 자기 명령에 신속하고 정확하게 복종하도록 평소에 훈련시키지 않았다면 반드시 패배하고 만다.

평소에 충분한 군사력을 마련해 두지 않은 채, 국민들의 용기보다 행운에 더 의존하는 나라는 변덕스러운 운명의 장난에 놀아나기가 쉽다.

전투의 승리는
군사들의 용기, 규율, 자신감의 결과다

전투에서 승리하려면 군대는 무장을 잘 갖추고 확립된 규율에 군사들이 잘 알고 있어야 한다. 지휘관은 항상 위험을 유지한 채 군사들이 지치지 않도록 불필요한 것을 요구하지 말고, 그들에게 승리가 쉽다는 확신을 주어야 한다. 반면, 닥쳐올 위험은 숨기거나 군사들이 그 위험을 대수롭지 않게 여기도록 만들어야 한다.

군사들이 자신감을 가지고 단결하는 것은 승리의 필수적 요소이다. 그러나 그들이 용기가 없다면 아무런 소용이 없다. 흔들리지 않는 용기, 확립된 규율, 그리고 자신감에 찬 군사들은 비록 지휘관을 잃는다 해도 그들의 힘만으로 승리할 수 있다.

사람의 성품과 됨됨이는 친구를 보면 알 수 있다

사람의 성품과 됨됨이를 알아보는 가장 좋은 방법은 그가 어떤 친구들과 어울리는 지를 보는 것이다. 훌륭한 친구들과 사귀는 사람은 좋은 평판을 얻는다.

가문 덕분에 얻은 명성은 헛된 것이어서 그리 오래가지 못 한다. 그러나 개인의 탁월한 업적으로 얻은 명성은 훌륭한 친구들 덕분에 얻은 명상보다 더 오래 지속된다.

높은 자리에 무능한 사람이 앉으면
나라에 해를 끼친다.

무능한 사람이 높은 자리를 차지하면 그는 나라에 해를 끼친다. 따라서 그런 자리에 앉을 사람을 선출할 때는 국민들이 누구나 공개 석상에서 그 후보자들의 결함을 지적할 수 있고, 그러한 지적이 명예스러운 것으로 여겨지도록 해야 한다. 그래야만 모든 사람들이 후보자들에 대해 상세히 알게 되고 올바른 판단을 내릴 수가 있다. 따라서 국민들의 지지를 얻기 원하는 후보자들은 뛰어난 업적을 세우기 위해 노력해야 한다.

말을 해야 할 때와 침묵할 때를 정확히 알라

사람들은 결과만을 보고서 모든 일을 판단하려 든다. 어떤 일이 실패하면 그 일을 제일 먼저 제안한 사람을 비난하고 성공하면 그를 칭송한다. 그러나 실패했을 때 겪는 불명예는 위험에 성공했을 때 받는 보상보다 더 크다.

따라서 어떠한 일이라도 너무 열성적으로 주장하지 말고 온건하고 침착하게 자기 의견을 제시하는 것이 좋다. 입을 다문 채 아무런 의견을 제시하지 않는다면, 그는 위험을 피하지 못 할뿐 아니라 군주에게도 나라에도 아무 쓸모없는 인물이 된다. 의견을 제시해야 할 때는 침묵하고, 침묵을 지켜야 마땅할 때는 입을 나불거려서 가혹한 처벌을 받는 사람이 많다.

지휘관은 군사들의 사기에
악영향을 미치는 행동은 삼가라

　현명한 지휘관이라면 군사들의 사기에 악영향을 미치는 행동은 아무리 사소한 것이라 해도 삼가야 한다. 강력하다고 알려진 적과 대치했을 때, 지휘관은 소규모의 전투로 자기 군사들의 공포심을 없애고 적의 실태를 파악하는 것이 좋다.

　그러나 소규모 전투에서 진다면 자기 군사들의 공포심을 더욱 조장할 위험성도 있다. 따라서 자기에게 결정적으로 유리하고 승리에 대한 확신이 있을 때에만 전투를 시도해야 한다.

노련한 군사도 생소한 적에게 공포심을 느낀다

생소한 적은 노련한 군사에게도 공포심을 일으킬 수 있다. 그리고 전투 경험이 전혀 없는 군사들은 한없이 공포심을 품게 마련이다. 현명한 지휘관은 여러 달 동안 그들에게 가상 전투훈련을 시키고 명령에 복종하는 습관을 기르게 한 후 실제 전투에 참가시켜야 한다.

많은 인구를 다스리면서도 훌륭한 군대를 가지고 있지 못하는 군주는 사람들이 비겁하다고 비난할 것이 아니라 자신의 태만과 무능을 탓해야 마땅하다.

전쟁에서 속임수는 칭송받는다

일반적으로 사람들은 속임수를 미워한다. 그러나 전쟁에서 속임수는 칭송과 명예를 받는다. 물론 여기서 말하는 속임수란 신의를 어기고 조약을 파기하는 배신을 말하는 것이 아니라 위장과 전술을 의미한다.

나라의 존망이 걸린 결정 앞에서는
명예나 치욕을 버려라

적에게 포위된 로마군이 치욕적인 조건으로 항복을
강요당했을 때, 집정관의 보좌관 렌툴루스는 말했다.

"로마의 안전은 이 군대에 달려 있기 때문에 어떠한
대가를 치르더라도 이 군대를 보존해야 합니다. 명예로
운 수단이든 불명예스러운 수단이든 관계없이 어떠한
수단을 써서라도 조국을 지키는 것이 옳습니다. 군사들
이 살아남는다면 로마는 언젠가 불명예를 씻을 수 있지
만, 그들이 모두 죽는다면 아무리 명예롭게 죽는다 해도
로마와 로마의 자유도 또한 사라지고 맙니다."

나라의 존망이 걸린 결정을 내릴 때는 정의나 불의, 관
용이나 잔혹함, 명예나 치욕 등을 전혀 고려하지 말아야
한다. 오로지 나라의 존속과 그 자유의 보존만을 우선해
야 한다.

장군은 승리하거나 패배했을 때도
명예를 얻을 수 있다

장군은 어떠한 경우에도 명예를 얻을 수 있다. 승리하는 경우에는 말할 것도 없고, 패배하는 경우에도 그것이 자신의 잘못 때문이 아니라고 입증하거나 패배의 효과를 감소시키는 다른 행동을 신속하게 취하면 명예를 얻을 수 있다. 강요 때문에 억지로 한 약속을 깨는 것은 불명예가 아니기 때문이다.

군주는 강요에 못이겨 서약을 했더라도 그 강력한 외부세력이 물러가면 서약을 무시할 뿐만 아니라 다른 약속들도 무시해 버린다. 약속의 동기가 사라지면 약속은 아무런 효능을 발휘하지 못하기 때문이다.

노예로 평화를 즐기기보다는
자유인으로 전쟁하는 것이 더 낫다

삼니움족(이탈리아 중부와 남부에 걸쳐 살던 고대 이탈리아인의 한 파인 오스크어계에 속하는 민족)이 로마인들에게 대항할 때, "노예가 되어 평화를 즐기는 것보다는 차라리 자유인으로서 전쟁하는 것이 더 낫다."고 말했다.

군주는 어떤 것을 얻으려고 할 때 상대방에게 심사숙고할 시간적 여유를 주어서는 안 된다. 그의 요구를 거절하거나 결정을 미루는 경우 상대방 자신이 매우 위험해진다고 깨닫고, 즉시 결정을 내리도록 조치를 취해야 한다.

집안의 고유 기질은 교육의 결과이다

집안마다 고유한 기질이 있다. 이것은 혈통에서 오는 것이 아니다. 혈통은 결혼에 의해 불가피하게 희석되기 때문이다. 집안의 기질이란 교육의 결과이다.

사람은 어린 시절에 어떤 행동에 대해 칭찬이나 처벌을 받은 것이 대단히 중요하다. 그러한 칭찬이나 처벌이 오랫동안 깊은 인상으로 남아 일생 동안 행동의 기준이 된다.

적이 드러낸 허점 속에는 계략이 숨겨져 있다

적이 분명하게 드러내는 허점을 직접 본 경우, 현명한 장군이라면 그것을 절대로 그대로 믿어서는 안 된다. 그러한 허점은 계략을 숨기고 있게 마련이다. 그러나 승리에 대한 욕망에 눈이 멀면 자신에게 유리하게 보이는 것들만 눈에 들어온다.

299

로마의 가장 참혹한 처벌은 제비뽑기 처형이다

로마는 잘못을 저지른 군단의 모든 군사들을 사형에 처하기도 하고, 도시 전체를 파괴하기도 했다. 한꺼번에 8천 명 내지 1만 명을 유배시키기도 했다.

그러나 가장 참혹한 처벌은 전투에서 패배한 군대의 군사들 가운데 열 명 중 한 명을 제비뽑기해서 처형한 것이다. 처형되는 군사는 자기 운명을 탓하고 나머지는 다시는 실패하지 않도록 조심하게 되었다.

300

위협적인 병폐는 나라의 존립 자체를 흔든다

일반적인 병폐의 결과는 나라에 해로운 것이기는 해도 치명적인 것은 아니다. 그 피해를 극복할 시간이 항상 있기 때문이다.

그러나 나라의 존립 자체를 위협하는 병폐는 그렇지가 않다. 현명한 인물들이 그것을 억제하고 개선하지 않으면 나라가 멸망하게 될 것이다.

나는 내 영혼보다 조국을 더 사랑했다

"마키아벨리즘"이라고 하면 목적 달성을 위해서는 어떠한 수단도 가리지 않는다거나, 권모술수 또는 현실정치(Realpolitik) 등 나쁜 이미지를 풍기는 말로 통한다. 즉 특정 목적을 달성하기 위해서는 잔인하고 부도덕한 수단마저 허용되고, 목적을 달성하기 위해서는 어떠한 수단도 정당화된다는 뜻으로 인식하고 있다.

그러나 마키아벨리의 여러 저술에서 나타나는 그의 기본사상은 일반적으로 알려진 것과는 전혀 다르다. 그는 인간이 지닌 야수성을 폭로하고, 현실을 냉정한 관점에서 분석하려고 했기 때문에 엄청난 오해와 비난의 대상이 되었다.

그는 정직한 인물이었고, 훌륭한 시민이었으며, 자애로운 아버지였다. 1501년에 마리에타 코르시니와 결혼하여 다섯 명의 자녀를 두고 아내와 매우 화목한 관계를 유지하고 살았다. "내 영혼보다도 조국 피렌체 공화국을 더욱 사랑했다"고 고백하기도 한 그는 관대하고 정열적이었으며 무엇보다도 성실한 가톨릭 신자였다.

물론 그는 동시대 사람들에게 충격을 주려는 열정 때문에 바탕은 선량하면서도 일부러 사악한 측면을 드러내려는 경향이 있었다. 바로 이런 성격과 그의 저술에 나타난 솔직 대담한 격언들 때문에, 그는 불멸의 명성을 얻게 되었던 것이다.

　　교황 레오 10세, 클레멘스 7세 그리고 바오로 3세는 그의 저서들을 묵인했지만, 그 후 가톨릭교회의 내부개혁 운동에 앞장 선 사람들이 그를 공격하기 시작했다. 결국 그의 사상이 종교와 도덕을 파괴하는 것이라는 이유로 그의 저서들은 교황 바오로 4세 때인 1557년에 로마교황청의 금서목록에 포함되었다.

　　교회의 최고 지도자들도 속세의 군주들과 마찬가지로 행동하여 사실상 마키아벨리 사상의 추종자였다는 점은 역사의 아이러니가 아닐 수 없다. 영국의 액튼 경이 지적한 바와 같이, 종교전쟁에서 반대파의 학살을 합리화시키는 모든 주장은 결국 마키아벨리에게서 배운 것이었다.

　　그리고 독일의 프리드리히 대왕은 1740년에 자신이 저술한《마키아벨리의 군주론에 대한 비판》에서 마키아벨리와 스피노자의 사상을 "독약" 이라고 공격하기도 했다. 그리고 르네상스 당시의 프랑스인들은 이탈리아에 속하는 것이라면 무엇이든지 증오했기 때문에 "마키아벨리즘" 이라는 단어를 만들어 내서 치욕의 대명사로 삼은 것이다. 그는 위대한 인물이기 때문에, 그리고 불운했기 때문에 희생양이 된 것이다.

그는 역사철학을 창시한 인물로 '인류가 한 번도 밟아본 적이 없는 새로운 길'을 자신이 개척하고 있다는 사실을 잘 알고 있었다. 인간의 본성은 절대로 변하지 않는다는 원칙에 입각해서, 그는 역사의 순환이론을 처음 주창했고, 인간에 대한 연구에 기초를 둔 정치학을 처음으로 만들어 냈다. 한 마디로 그는 "권력정치", "현실정치"의 창시자였다.

그는 위대한 사상가, 문학가, 시인이었다. 그러나 시보다는 산문이 한층 더 뛰어났다. 이탈리아 문학에서 그의 산문을 능가하는 작품을 발견하기가 힘들 정도이다. 그의 탁월한 능력은 그가 손을 댄 모든 분야. 즉 역사, 정치 논문, 단편소설, 특히 희곡에서 유감없이 발휘되었다.

그는 르네상스시대에 활약한 위대한 정치가, 외교관, 군사전략가, 저술가 그리고 문학가였다. 피렌체의 애국자인 그는 이탈리아가 여러 나라로 분열되어 서로 싸우고, 외국세력의 지배를 받는 상태를 개탄하여 강력한 군주 아래 통일되기를 열망했다. 그래서《군주론》,《로마사 평론》,《전쟁의 기술》등 불후의 명저를 남기는 한편 〈흰 독말풀(La Mandragola〉이라는 코미디 희곡을 통해서 부패한 지도층, 특히 성직자들을 통렬하게 비판하기도 했다.

니콜로 마키아벨리(Niccolo Machiavelli)는 1469년 5월 3일 이탈리아 중부의 도시국가 피렌체에서 태어났으며, 58세인 1527년 6월 21일 그곳에서 병으로 사망했다.

마키아벨리 집안은 13세기부터 피렌체의 부유한 명문으로 중요한 관직을 맡는 인물들을 배출하기도 했다. 그러나 마키아벨리의 아버지는 변호사였지만 재산이 별로 없어서 피렌체 성 밖에서 가난하게 살았다. 그래서 그는 학교 교육을 제대로 받지 못하고 집에서 라틴어를 독학했지만, 당시 지식인들의 필수과목인 그리스어는 배울 기회가 없었다.

1494년에 피렌체 시민들은 메디치 가문을 추방하고 공화국을 세웠다. 이 공화국은 스페인 군대가 개입하여 메디치 가문이 다시 피렌체를 지배하게 만든 1512년까지 지속되었다.

그런데 극단적 금욕주의를 실천하는 수도자 사보나롤라가 피렌체 공화국의 정치제도와 종교생활을 과감하게 개혁하려다가 실패하고, 1498년에 시뇨리아 광장에서 화형 당하는 사건이 벌어졌다.

당시 마키아벨리는 29세였다. 그는 사보나롤라가 처형된 지 한 달 후, 처음으로 공직에 진출하여 제2서기국의 책임자가 되었다. 그 이전까지 그는 전혀 알려지지 않은 무명인사였지만, 일약 정부 부처의 책임자가 된 것이다.

제2서기국은 제1서기국보다 권한이 적었지만 공화국의 내부문제를 다루는 중요한 기구였다. 이 기구가 나중에는 최고 집행부인 10인 위원회 산하의 비서실과 통합되었다. 이어서 그는 외교와 국방을 담당하는 최고 책임자의 비서관이 되었고, 아이디어가 풍부하고 유능한 관리로 인정을 받았다.

그는 1500년에 공화국을 대표하는 외교사절로 처음 프랑스로 파견되었다. 그곳에서 5개월 동안 머무르며 한 명의 군주 밑에 통일된 나라가 얼마나 강한지를 인상 깊게 관찰했다.

그가 귀국했을 때 피렌체는 알렉산더 6세 교황의 사생아 체사레 보르지아의 야심 때문에 멸망 직전에 놓여 있었다. 무자비하고 교활한 체사레 보르지아는 당시 무력을 동원해서 중부 이탈리아에 거대한 교회국가를 건설하는 중이었다. 그는 문서를 작성하는 일뿐만 아니라 필요하면 언제든지 외교사절로 파견되는 등 분주한 나날을 보냈다.

그는 체사레 보르지아에게 두 번 외교사절로 파견되었고, 체사레 보르지아가 1502년 12월 31일. 시니갈리아 마을의 반란군을 무자비하게 처형하는 것을 목격하기도 했다. 그래서 그는 무자비하고 단호하며 난폭하면서도 교활한 체사레 보르지아를 분열된 이탈리아를 통일할 수 있는 새로운 군주의 모델로 삼게 되었다. 그렇다고 체사레 보르지아의 인간성을 존경한 것은 아니었다.

보르지아 가문 출신인 알렉산더 6세 교황이 1503년에 죽고, 그 후계자인 비오 3세도 얼마 못 가서 곧 죽자, 보르지아 가문의 원수인

율리우스 2세가 교황으로 선출되었다. 그때 로마에 파견된 그는 체사레 보르지아가 몰락하여 감옥에 갇히는 것을 냉소적으로 바라보면서 "그리스도의 적인 체사레 보르지아가 투옥되는 것은 당연하다."고 말했다.

한편 피렌체에서는 피에로 소데리니가 공화국의 종신직 최고 지도자로 선출되었고, 마키아벨리는 즉시 신임을 얻어 그의 오른팔이 되었다. 드디어 마키아벨리는 자신의 군사전략을 실천에 옮길 수 있는 기회를 얻은 것이다. 수백 년 동안 이탈리아의 여러 나라는 용병을 사서 전쟁을 해왔지만, 그는 용병이 기강이 없고 배신을 잘하며, 횡포만 부리지 실제 전투에서는 별로 소용이 없다는 점을 잘 간파하고 있었다. 그래서 그는 피렌체가 자기 세력이 미치는 주변 지역의 주민들을 소집해서 상설군대를 보유해야 한다고 주장하고 최고 지도자를 설득한 결과, 1505년에 상설 민병대가 창설되었다. 그리고 민병대를 지휘·감독하는 9인 위원회가 구성되자, 그는 그 위원회의 사무국장으로 활약했다.

또한 1506년에 그는 군대를 이끌고 볼로냐에 입성한 교황 율리우스 2세에게 외교사절로 파견되었다. 그리고 신성 로마황제 막시밀리아누스 1세가 이탈리아에 침입할 계획을 가지고 있을 때, 피렌체의 최고 지도자는 자신이 독일에 파견했던 대사를 신뢰하지 않아서 1507년 12월에 마키아벨리를 별도로 파견했다. 3일 동안 스위스를 지나서 독일을 시찰한 후, 1508년 6월 17일에 돌아온 그는 〈독일에 관한 보고서〉를 썼다. 여기서 그는 독일의 힘과 그 정치적 결함을 이론적으로 잘 분석했다.

피렌체의 지배를 받던 피사가 반란을 일으켰을 때, 마키아벨리는 자신이 직접 민병대를 지휘하여 1509년 6월 8일에 피사를 함락시켰다. 이처럼 그는 투철한 애국심과 행동의 정열을 지닌 인물이었다. 따라서 그를 회의적이고 소심하며 냉소적인 인물로 보는 것은 잘못이다.

그는 1510년 7월에 프랑스로 다시 파견되었다. 그는 피렌체의 동맹국인 프랑스의 루이 12세가 율리우스 2세 교황과 평화협정을 체결하거나, 아니면 피렌체를 전쟁에 끌어들이지 말고 중립을 지키도록 하는 것이 유익하다고 설득했다. 그러나 프랑스는 그의 주장을 받아들이지 않았다. 귀국한 그는 프랑스와 교황 군대 사이에 전쟁이 불가피하다고 판단하여 피렌체의 군사력을 증강하는데 온 힘을 기울였다.

프랑스의 루이 12세는 교황을 몰아내기 위해 피렌체의 지배를 받는 피사에서 공의회를 소집했다. 율리우스 2세 교황은 피렌체를 응징하려고 했다. 마키아벨리는 루이 12세를 설득하기 위해 1511년 여름에 다시 프랑스로 건너갔다. 그러나 이미 때가 늦었다. 교황의 군대가 피렌체를 점령했고 공화국은 무너졌다. 그리고 메디치 가문이 다시금 피렌체의 지도자가 되었다. 이것이 1512년의 일이다.

그 결과 마키아벨리는 모든 지위를 잃었고, 피렌체의 권력구조에서 축출되었다. 1513년 메디치 가문에 대한 음모가 발각되자 그는 의심을 받아 감옥에 갇혔다. 가혹한 고문에도 불구하고 그는 결백을 주장했다. 투옥된 지 한 달 후 석방이 된 그는, 피렌체에서 11킬로미터 떨어진 산탄드레아에 위치한 시골집으로 내려가서 은퇴했다. 그는 아버지에게 유산으로 받은 집에서 13년 동안 가난하게 살면서 글을 썼다. 1513년에는 그의 가장 유명한 저서인 《군주론》과 《로마사평론》을 저술했다.

그는 언제나 공화국을 사랑하고 공화국의 발전을 위해 헌신했다. 그러나 사람들은 부패했다. 이탈리아가 분열되어 허약해졌으며, 외국 군대의 침입 위험이 항상 도사리고 있는 상태였기 때문에, 그는 강력하고 위대한 '새로운 군주' 의 출현을 갈망하게 된 것이다.

그는 사람들의 속성과 시대의 대세에 부응하는 정책과 수단을 제시하려고 했다. 그는 종교를 진심으로 깊이 존중했지만, 종교가 국가의 지배를 받아야 하고 군주의 권력을 유지하는 수단이 되어야 한다고 보았다. 그는 '국가의 존재이유' 를 처음 창시했다. 물론 '국가의 존재이유' 라는 이 용어는 그가 죽은 지 20년이 지난 후에 처음 등장한 것이다.

《군주론》과 《로마사평론》이 모두 동일한 원칙에 입각해서 그의 사상을 보여준다. 특히 《군주론》은 간결한 문체, 상상력이 풍부한 내용, 그리고 수많은 격언들이 솔직하고 대담하다는 점 때문에 널리 알려지고 많은 사람들에게 읽혀졌다. 동시대 사람들은 물론이고 후세 사람들도 그의 격언들을 지나치게 문자 그대로 받아들이는 경향이 있다. 그러나 그는 냉소적인 구절에 대해 사람들이 사악하고 부패하지 않았다면 자신도 그런 구절을 쓰지 않았을 것이라고 지적했다. 물론 그는 고대 로마공화국처럼 선량하고 순수한 사람들로 구성된 사회를 갈망했다. 그러나 그가 살던 사회는 이미 부패할 대로 부패한 상태였다.

마키아벨리는《군주론》을 당시 피렌체의 지도자인 로렌조 공작에게 바치고 관직에 등용되기를 기다렸지만 공작은 그를 무시해 버렸다. 로렌조 공작이 죽자 쥴리오 데 메디체 추기경이 피렌체를 통치하게 되었다. 관직에 대한 꿈을 여전히 버리지 못한 마키아벨리는 1512년에《전쟁의 기술》을 저술하여 쥴리오 데 메디체 추기경에게 바쳤다. 그래서 쥴리오 데 메디체 추기경은 별 볼일 없는 임무를 맡겨서 그를 루카에 파견했다. 한편 그는 피렌체의 역사를 기록하는 공식 역사가로 임명하였다. 그는 메디치 가문 출신인 교황 레오 10세에게 피렌체의 통치조직을 개혁하고 시민들에게 자유를 회복시켜 줄 것을 대담하게 건의하는 논문을 저술해서 교황에게 바치기도 했다.

1512년 12월에 교황 레오 10세가 죽자 피렌체의 유일한 지도자가 된 줄리오 데 메디치 추기경은 통치조직의 개혁을 절감하여 마키아벨리에게 좋은 생각을 구했다. 1523년 9월에는 교황 하드리아누스 6세가 죽고 줄리오 데 메디치 추기경이 교황 클레멘스 7세로 선출되었다. 마키아벨리는 이 무렵부터 피렌체의 역사에 관해서 정열적으로 집필에 몰두했다. 하지만 강력한 후원자의 비위를 거스르는 사실들마저도 있는 그대로 기록한 그의 원칙은 후대의 인문주의 역사가들에게 훌륭한 모범이 되었다. 그는 〈피렌체의 역사〉를 끝낸 후 1525년에 로마로 가서 그 책을 교황에게 바쳤다.

1526년 4월 그는 성벽 강화의 임무를 맡은 5인 위원회의 대표로 임명되었다. 교황 군대가 신성 로마황제의 군대와 대결하게 되자, 그는 피렌체 민병대를 이끌고 교황 군대에 합류했다. 그 전쟁은 황제의 군대가 1527년 5월에 로마를 점령하여 교황 세력의 패배로 끝났다. 그 결과 메디치 가문은 피렌체에서 두 번째로 추방되고, 피렌체는 다시금 공화국이 되어 자유를 회복했다.

한편 마키아벨리는 과거에 공화국에서 차지했던 자신의 지위를 다시 얻을 것이라는 기대를 품고 있었다. 그러나 한 때 메디치 가문에 협력했다는 이유 때문에 철저하게 외면당했다. 그는 일생일대의 엄청난 실망을 맛보았다. 결국 그는 귀국한지 한 달이 지나지 않아 병사했다. 피렌체 공화국은 다시 스페인 군대의 개입으로 1529년에 무너졌다. 그 후로 시민들은 다시 공화국을 세우지 못했다.

마키아벨리의《군주론》 문장 속,
핵심 문장 *300*

001   지도자는 국민의 성질을 잘 파악하라.

002   대를 이은 지도자는 자기 자리를 항상 유지한다.

003   새로 영입한 지도자가 더 나쁠 수 있다.

004   반란지역의 취약한 지점을 보강하라.

005   지역 주민의 전폭적인 지지를 얻어라.

006   다른 지역을 점령할 경우 식민지를 건설하라.

007   지도자는 항상 외부 세력에 대비하라.

008   자진해서 합세한 자를 경계하라.

009   지도자는 앞으로 일어날 분쟁에 미리 대처하라.

010   작은 분쟁의 불씨가 커지게 하지 마라.

011   비난은 합당하지 않을 때 받는 질책이다.

012   강자는 상대방의 음모와 세력을 경계한다.

013   독재자의 나라에서는 국민 모두가 노예이다.

014   자유를 누린 사람들은 반란의 명분을 만들 수 있다.

015   지혜로운 사람은 위대한 인물의 뒤를 따른다.

016   기회를 만나야 재능을 발휘할 수 있다.

017   새로운 질서 확립에 착수하기란 매우 어렵다.

018   뇌물로 지도자가 된 사람의 지위는 항상 위태롭다.

019   잔인하고 능력 있는 부하가 점령지역을 다스리게 하라.

020   공포심과 증오심이 남을 해친다.

021   야만적이고 비열한 지도자는 후세에 명성을 얻을 수 없다.

022   잔인한 수단으로 지위를 오랫동안 유지할 수 없다.

023   새로운 혜택을 베풀 때에는 조금씩 점차적으로 베풀어라.

024   특권층의 지지는 서민층의 지지보다 약하다.

025   지도자는 박식한 특권층의 사람들을 잘 활용하라.

026   서민층의 지지기반을 확고하게 하라.

027   지도자는 자기에게 충성을 바칠 사람을 확보하라.

028   본거지를 튼튼하게 지키고 민심을 잃지 마라.

029   용감한 지도자는 어떠한 난관도 잘 극복한다.

030   나라의 가장 중요한 기초는 훌륭한 법률과 강력한 군대다.

031   용병을 믿으면 나라가 망한다.

032   지도자는 용병의 지휘관이 유능할 경우 신임하지 마라.

033   지휘관은 기병으로 부대를 편성하라.

034   지원세력으로 얻은 용병은
      지도자에게 언제나 위험한 존재다.

035   지혜로운 지도자는 언제나 자신의 세력으로 방어한다.

036   새로운 제도를 무조건 채택하지 마라.

037   남의 힘을 빌려서 강력한 지도자가 되지 마라.

038   지도자는 오로지 군사조직과 기강 확립에 전념하라.

039   군사력을 모르는 지도자는 병사들에게 경멸당한다.

040 지도자는 평상시에 체력 단련으로 전쟁에 대비하라.

041 지도자는 평화로울 때 더욱더 사태에 대비하라.

042 오로지 선(善)만을 추구하는 지도자는 비참한 꼴을 당한다.

043 지도자는 나라를 잃어버릴 지경의 조치는 피한다.

044 좋은 평판을 얻기 위해 세금을 가혹하게 부과하지 마라.

045 인색한 지도자가 위대한 업적을 남긴다.

046 불명예스럽지만 미움 받지 않는 구두쇠가 되라.

047 지도자의 자비로운 조치는 가혹한 조치보다 못하다.

048 지도자는 사람을 지나치게 믿거나 불신하지 마라.

049 사람들은 두려운 지도자보다
    존경하는 지도자를 더 쉽게 배신한다.

050 지도자는 국민들의 약속을 믿지 마라.

051 지도자는 국민들에게 증오의 대상이 되지 마라.

052 현명한 지도자는 자기가 두려움을 조성한다.

053 지도자들은 교활한 술책으로 위대한 업적을 이룬다.

054 지도자는 법과 힘을 적절하게 사용하라.

055 민중은 지도자의 외관과 행동의 결과만으로 판단한다.

056 자기에게 해가 되는 신의는 지키지 마라.

057 교활한 기질의 지도자는 약속을 지키지 않는다.

058 지도자는 덕성을 갖춘 것처럼 위장하라.

059 지도자의 위장된 외모는 실제 어떤 사람인지 모른다.

060 지도자는 여우의 꾀와 사자의 힘을 동시에 가져야 한다.

061 평화와 신의를 외치는 지도자를 조심하라.

062 한번 내린 결정은 끝까지 관철하라.

063 외부세력의 공격과 방어를 위해서 무력을 갖추어라.

064 내부 음모는 지도자가
대다수의 사람들로부터 미움을 받기 때문이다.

065 음모는 불평불만의 동조자들과 함께 꾸민다.

066 지도자는 사회지도층과 국민들을 위해 노력하라.

067 지도자는 혜택을 직접 베풀어서 다수의 지지를 확보하라.

068 지도자는 나라 질서를 위해 나쁜 일을 선택할 때도 있다.

069 국민이 군대보다 더 큰 일을 해낸다.

070 자신이 무장시킨 자들이 새로운 지지세력이 된다.

071 점령한 지역은 주민의 무장을 모두 해제시켜라.

072 분열된 지역은 지도자의 세력을 약화시킨다.

073 지도자는 위대한 명성을 얻기 위해 적대세력을 자극한다.

074 지도자는 위대하고 탁월한 명성을 얻어야 한다.

075 내부에서 비밀리에 협조한 사람들을 조심하라.

076 세상에서 가장 튼튼한 요새는
지도자에 대한 국민들의 사랑이다.

077 새로운 지도자는 충성이 의심스럽던 사람을 더 신뢰한다.

078 두 세력 사이에서 중립을 지키는 지도자는 어리석다.

079 지도자는 중립이 아닌 한쪽을 선택하라.

080 지도자는 강한 세력과 손을 잡아야 한다.

081 지도자는 자신의 정책이 항상 안전하다고 믿지 마라.

082 지도자는 자기 국민들이 직업에 충실하도록 격려하라.

083 지도자는 능력 있는 인재가 자신에게 충성하도록 만들라.

084 지도자의 능력은 세 분류로 나누어진다.

085 지도자의 자질은 그 부하를 보면 알 수 있다.

086 지도자는 인재와 무능한 자를 구별할 줄 알아야 한다.

087 지도자는 부하가 사실을 사실대로 말해도 의연하라.

088 지도자는 누구의 말에도 흔들리지 마라.

089 아랫사람이 사실대로 보고하지 않으면 화를 내라.

090 현명한 지도자는 현명한 조언을 얻는다.

091 권력은 자력으로 획득했을 때만 확고하다.

092 물려받은 권력은 자신을 방어할 무력을 갖추지 못한다.

093 지도자는 평온할 때 미리 닥칠 사태를 대비하라.

094 피할 수 없는 무력은 신성한 것이다.

095 지도자는 혼자 힘으로 방어할 때 확고한 힘이 생긴다.

096 운명은 신의 뜻이 아닌, 자신의 의지대로 움직인다.

097 대세에 따르지 않는 지도자는 망한다.

098 사람들이 목표에 이르는 방법은 제각기 다르다.

099 신중한 지도자보다
과감하게 운명에 도전하는 지도자가 되라.

100 지도자는 시대와 환경의 변화에 적용하라.

101 관용을 베푸는 지도자가 높이 평가된다.

102 지도자는 역사의 의미와 교훈을 깨달아야 한다.

103 법을 제정하는 사악한 지도자의 기질은
언젠가는 드러난다.

104 사람들의 올바른 행동은 강제력으로 할 수 없다.

105 사회질서는 행운과 엄격한 군사력에서 나온다.

106 국민들은 지배받지 않고 자유롭게 살기를 원한다.

107 훌륭한 교육은 좋은 법률 때문에 이루어진다.

108 지도자는 국민들이 부당한 대우를 받지 않게 하라.

109 많은 인구로 무장해야 영토를 지킬 수 있다.

110 어느 나라든 흥망성쇠는 있다.

111 무기력과 내분은 나라의 파멸을 초래한다.

112 모함을 없애려면 고발을 제도화하라.

113 현명한 지도자는 유능한 인물을 모함하지 않는다.

114 복지와 선행을 위한 독재는 비난받지 않는다.

115 자신의 모든 권한을 후계자에게 넘기지 마라.

116 나라를 건국한 사람의 명성은
문학가나 예술가와는 다르다.

117 폭력적이거나 사악한 지도자가 되지 마라.

118 반드시 칭송받아야 할 사람을 칭송하는 것은 아니다.

119 칭송하는 자들의 말을 믿지 마라.

120 로마제국은 황제가 세습되면서 파멸의 길을 걸었다.

121 훌륭한 군대의 유지와 기강은 종교의 힘에서 나온다.

122 새로운 나라의 건설은
     문명 혜택을 모르는 사람들이 더 쉽다.

123 종교의 성쇠는 국가의 흥망을 초래한다.

124 인간의 지혜는 물려받을 수 없다.

125 다른 사람이 성취한 것은 자기도 성취할 수 있다.

126 국민들은 지도자의 권위를 보고 기적을 믿는다.

127 부정과 부패에 물들지 않으려면
     종교의 가르침을 준수하라.

128 교회의 부패는 부정과 무질서를 초래한다.

129 지도자는 종교의 조짐을
     자기 식으로 군사적 조치에 반영한다.

130 국민들이 절대 권력에 길들여지면
     자유를 보존하기 힘들다.

131 부패한 나라에서는 좋은 법률이나 제도가
     효과를 발휘하지 못한다.

132 권력 강화에 가장 효과적인 수단은 국민의 민심이다.

133 부패한 지도자는 국민들도 부패하게 만든다.

134 강력한 지도자가 법치국가를 회복한다.

135 나라가 부패하지 않으려면 훌륭한 인재를 등용하라.

136 지도자는 시민들의 자유 투표로 선출하라.

137 시대에 맞지 않는 기본법을 개정하기는 불가능하다.

138 국민의 이익보다 자기 권력의 강화를 목적으로 하지 마라.

139 공적을 세운 자도 범죄자라면 처벌해야 한다.

140 새로운 제도 개혁은 과거의 제도와 비슷해야 한다.

141 절대 권력자는 잔혹을 선택한다.

142 사람이란 철저하게 악하지도 선하지도 않다.

143 공적을 세운 자를 처벌하는 것은 두려움 때문이다.

144 승리 후에도 군주의 처벌은 있을 수 있다.

145 지도자는 국민의 지지를 미리 확보해라.

146 사악한 세력을 눈여겨보아라.

147 지도자는 합법적인 절차에 의해 선출하라.

148 자신이 선택한 상처와 피해는 덜 고통스럽다.

149 절대 권력은 추종자들과 당파를 만든다.

150 높은 지위보다 낮은 지위를 수락한 사람을 신뢰하라.

151 누구나 마음속에 있는 야심을 피해가기 힘들다.

152 사람들은 명예보다 재산을 더 중요시 한다.

153 의지력이 약한 지도자는 결단력이 약하다.

154 독재자는 사회지도층의 야심과 탐욕을 만족시키지 못한다.

155 지도자는 다른 사람이 모르게
점진적으로 태도를 바꿔야 한다.

156 자신의 의도는 상대방에게 숨겨라.

157 법을 만들었으면 지켜라.

158 평온한 질서를 유지하면서 국민들의 신뢰를 얻어라.

159 공공의 이익을 이용하여 사람을 해치지 마라.

160 국민들의 판단을 절대로 무시하지 말라.

161 국민의 자유를 유지하려면 새로운 법을 만들어라.

162 식민지 국가에서는 새로운 체제 구축이 힘들다.

163 지도자는 주위 여건을 최대한 활용해서 조치를 취하라.

164 장애와 위험을 미리 생각하고 조치를 취하라.

165 국민들이 흔들리면 나라 전체가 위태로워진다.

166 위엄을 지닌 지도자는 흥분된 군중을 진정시킨다.

167 부패한 나라에서 좋은 결과를 기대하지 마라.

168 중요한 사건이 일어날 때에는 어떠한 조짐이 있다.

169 동맹이란 이해관계에 따라 깨진다.

170 군중은 무리지어 있을 때 용감하다.

171 군중은 불안정하고 일관성이 없다.

172 법을 지키지 않은 지도자는 미치광이다.

173 국민의 목소리는 신의 목소리다.

174 힘든 일을 시킬 때는 보상을 약속하라.

175 젊고 재능이 뛰어난 자를 발탁하라.

176 역사에는 과장법이 숨겨져 있다.

177 예술의 명성은 변하지 않는다.

178 부패한 권력자는 국민들의 존경을 얻기 힘들다.

179 인간의 무한한 욕망은 끝이 없다.

180 훌륭한 업적이 아니더라도 유능한 인재는 가르칠 수 있다.

181 영토 확장의 유지는 통치의 지혜와 통치조직의 우수성이다.

182   지도자는 승리할 확률이 있으면 전쟁을 한다.

183   어떤 나라든 자유를 몹시 사랑한다.

184   독재자는 국가의 이익을 개인의 이익으로 돌린다.

185   사람들은 자유를 위협받아 잃으면 복수할 준비를 한다.

186   그리스도교와 이교도의 가르침은 다르다.

187   영혼의 숭고함을 강조하는 것은 나약함을 조장한다.

188   인구가 적으면 나라는 강해질 수 없다.

189   종교에 관한 문헌과 기록은 말살되지 않는다.

190   재앙은 지나친 포화상태가 만들어낸다.

191   전쟁은 단기간 내에 격렬하게 치러야 한다.

192   정복자는 정복 자체로 만족한다.

193   승산이 적은 전투라도 도주하지 마라.

194   황금만으로는 훌륭한 군대를 만들 수 없다.

195   전쟁할 때 자금이란 이차적 문제다.

196   동맹은 지리적으로 실질적인 도움을
       받을 수 있는 나라와 맺어라.

197   다른 사람을 방어하기보다 자신을 먼저 방어하라.

198   전쟁은 그때그때 상황에 맞게 판단하라.

199   높은 지위는 강제력과 속임수로 얻어진다.

200   오만한 사람에게 겸손은 해롭다.

201   적의 세력을 두려워하여 전쟁을 피하지는 마라.

202   때를 놓친 결정은 결정하지 못한 상태와 똑같이 해롭다.

203 군대 전체의 용맹성과 강인함을 키워라.

204 용감한 적군 앞에서는 대포도 쓸모없다.

205 훈련된 보병은 기병대를 무너뜨린다.

206 전쟁의 손실이 크면 승리 후에도 강해질 수 없다.

207 쾌락을 즐기는 군대는 적에게 패배한다.

208 부패한 나라에서는 훌륭한 인재들이 미움을 받는다.

209 지원군의 위험보다 적과의 협정 조건이 더 낫다.

210 군주는 범죄자를 반드시 처벌하라.

211 야심에 눈 먼 사람은 자신의 야욕만을 채운다.

212 노예 취급을 받은 사람에게 선의와 충성을 기대할 수 없다.

213 자유로운 통치체제의 강력한 도시는
완전히 자기편으로 만들어라.

214 요새를 구축하는 것은 불필요하다.

215 훌륭한 군대가 없는 요새는 아무 소용없다.

216 공화국 사람들이 분열하는 것은 무기력과 나태 때문이다.

217 위협이나 욕설은 상대방의 증오를 더욱 부추긴다.

218 승리에 대한 잘못된 기대는 잘못된 말과 행동으로 나타난다.

219 지도자는 그 누구도 과소평가해서는 안 된다.

220 운명의 여신은 능력과 안목을 지닌 인물을 선택한다.

221 인간은 운명의 여신이 하는 계획을 좌절시킬 수 없다.

222 평화는 돈으로 살 수 없다.

223 전쟁에서 반드시 지켜야 하는 곳은 심장부다.

224 운명의 여신은 변덕스럽다.

225 군주는 자기 조국에서 추방당한 외국인을 신뢰하지 마라.

226 모든 조직은 혁신이 없으면 오래 존속할 수 없다.

227 사람들이 오랜 기간이 지나도 법을 지키게 하라.

228 눈에 보이지 않는 처벌은 두려워하지 않는다.

229 최초에 보유했던 세력과 명성을 지닌 조직을 회복하라.

230 군주에게 대항할 힘이 없다면 복종하라.

231 군주와는 항상 중간 거리를 유지하라.

232 독재자는 음모자의 공격에서 벗어날 수 없다.

233 군주는 특정인에게 재산 몰수의 피해를 입히지 마라.

234 군주가 법과 관습을 무시하는 순간부터 나라를 잃는다.

235 군주는 전쟁보다는 음모 때문에
자신의 목숨과 나라를 잃는다.

236 군주는 사람의 생명을 위협하지 마라.

237 음모는 상황이 바뀌면 원래 계획대로 실행하라.

238 군주는 고위층이 자신을 의존하도록 만들어라.

239 군주는 가까운 인물들을 더욱 경계하라.

240 음모가 발각되지 않으려면 신중함과 행운이 필요하다.

241 음모는 실행하기 직전까지 음모 내용을 알리지 마라.

242 통치체제가 바뀌면 적에 대한 처형이 뒤따른다.

243 검술이 뛰어난 사람도 군주의 위엄에 압도당한다.

244 두 명을 한번에 음모하는 것은 실패하기 쉽다.

245 음모가 발각되면 가담자들을 즉시 처벌하라.

246 마음이 불안한 사람은 남들이 자기를 욕한다고 생각한다.

247 시대의 대세에 잘 적응하는 사람은 성공한다.

248 자유를 열망하는 국민들을 독재하기는 힘들다.

249 공화국이 군주국보다 더 빨리 시대변화에 잘 적응한다.

250 자신이 지닌 일정한 행동양식을 바꾸기는 힘들다.

251 시대에 따라 통치조직을 바꾸어라.

252 적과의 전투는 신중하게 판단하라.

253 사람이 만든 조직은 예측하지 못한 부작용이 있다.

254 연합군의 공격은 지혜와 책략으로 분열시켜라.

255 극도의 곤경에 처했을 때 더 큰 위력이 발휘된다.

256 일반 국민들은 속임수를 알아채지 못한다.

257 극도의 곤경에 몰려서 하는 전쟁은 정당하다.

258 극도의 궁지에 몰려 있다는 것은 강력한 무기다.

259 군사 훈련을 시키는 지휘관이 유능한 지휘관이다.

260 군기가 빠진 군대는 그 수가 많아도 소용없다.

261 적에게 쓰는 속임수는 실제인 듯이 실행하라.

262 승리를 위해서는 새로운 전술을 사용하라.

263 원정 군대에는 한 명의 지휘관이 효과적이다.

264 평화로운 나라에서는 비범한 인재들이 항상 무시당한다.

265 중대한 직책은 모욕을 받았던 사람에게 맡기지 마라.

266 적의 의도와 계획을 미리 간파하라.

267 상대방의 정보를 정확히 아는 쪽이 승리한다.

268 국민을 다스리는 방법에는 온화함과 가혹함이 있다.

269 폭력보다는 관용으로 사람들을 감복시켜라.

270 지나치게 온화하면 경멸을 받고,
지나치게 가혹하면 미움을 산다.

271 사람들을 복종시키기보다 다스리는 방법을 배워라.

272 한 지휘관에게 너무 오래 지휘권을 맡기지 마라.

273 준엄한 명령은 단호한 의지력에서 나온다.

274 지도자는 국민들의 미움을 받지 않도록 노력하라.

275 나라의 내분과 파멸에 영향을 준 이들은 여자이다.

276 가난은 지위나 명예를 얻는데 아무런 장애가 되지 않았다.

277 강요된 평화는 오래가지 못한다.

278 군주의 나약한 교육은 나라를 위태롭게 만든다.

279 당파의 대립은 국민들을 부패시킨다.

280 특정인에게 특혜를 주는 것은 국민을 부패시킨다.

281 군주는 국민들이 저지른 잘못에 대해 불평할 자격이 없다.

282 사람들의 시기심은 유능한 인재를 잃게 한다.

283 무질서하고 규율도 모르는 군중을 무장시키지 마라.

284 위대한 인물은 어떠한 여건에서도 태도를 바꾸지 않는다.

285 행운에 의존하는 사람은 운명의 지배를 받는다.

286 군사들의 투지와 복종이 전쟁의 승패를 다룬다.

287 전투의 승리는 군사들의 용기, 규율, 자신감의 결과다.

288 사람의 성품과 됨됨이는 친구를 보면 알 수 있다.

289 높은 자리에 무능한 사람이 앉으면 나라에 해를 끼친다.

290 말을 해야 할 때와 침묵할 때를 정확히 알라.

291 지휘관은 군사들의 사기에 악영향을 미치는 행동은 삼가라.

292 노련한 군사도 생소한 적에게 공포심을 느낀다.

293 전쟁에서 속임수는 칭송받는다.

294 나라의 존망이 걸린 결정 앞에서는 명예나 치욕을 버려라.

295 장군은 승리하거나 패배했을 때도 명예를 얻을 수 있다.

296 노예로 평화를 즐기기보다는
자유인으로 전쟁하는 것이 더 낫다.

297 집안의 고유 기질은 교육의 결과이다.

298 적이 드러낸 허점 속에는 계략이 숨겨져 있다.

299 로마의 가장 참혹한 처벌은 제비뽑기 처형이다.

300 위협적인 병폐는 나라의 존립 자체를 흔든다.